郑必坚精选集

郑必坚◎著

人民日报出版社

北京

图书在版编目（CIP）数据

郑必坚精选集 / 郑必坚著 . —— 北京：人民日报出版社，2023. 11

ISBN 978-7-5115-8072-6

I. ①郑… Ⅱ. ①郑… Ⅲ. ①马克思主义－文集
Ⅳ. ①D60-53

中国国家版本馆 CIP 数据核字（2023）第 204320 号

书　　名：郑必坚精选集
　　　　　ZHENG BIJIAN JINGXUAN JI
作　　者：郑必坚

出 版 人：刘华新
策 划 人：欧阳辉
责任编辑：曹　腾　季　玮
版式设计：九章文化

出版发行：人民日报出版社
社　　址：北京金台西路 2 号
邮政编码：100733
发行热线：（010）65369509　65369527　65369846　65363512
邮购热线：（010）65369530　65363527
编辑热线：（010）65369523
网　　址：www.peopledailypress.com
经　　销：新华书店
印　　刷：北京盛通印刷股份有限公司
法律顾问：北京科宇律师事务所　010-83622312

开　　本：710mm×1000mm　1/16
字　　数：210 千字
印　　张：19.5
版次印次：2024 年 5 月第 1 版　　2024 年 5 月第 1 次印刷

书　　号：ISBN 978-7-5115-8072-6
定　　价：78.00 元

爱国主义是建设社会主义的巨大精神力量

在把我们伟大祖国建设成为社会主义现代化强国而奋斗的新的历史时期，一个获得了新的时代内容的爱国主义热潮正在兴起。这是历史发展的潮流，是祖国振兴的需要。这也是我们中华民族长久的爱国主义传统，是鸦片战争以来为救亡图存，为争取独立自由幸福，为中国的共产主义光明前途而斗争的爱国主义传统，在新的历史关头的必然发展。

爱国主义在中华民族历史上
从来就是巨大的精神力量

历史的经验反复证明：中华民族历史发展的各个阶段上，中国人民的爱国主义精神，从来就是一种巨大的精神力量。作为一种社会意识形态，它在中华民族悠久历史文化的基础上产生，随着历史发展而发展，又反过来给予中华民族的历史发展以重大的影响。可以毫不夸大地说，中国人民的爱国主义战斗精神和英勇豪迈的爱国事业，是中华民族历史上最动人心魄的伟大史诗，是世界史上的伟大奇观。

大家看吧，在世界东方，在总面积相近于整个欧洲的、辽阔广大而又山川壮丽的中国国土上，居住着的是人口众多的中华民族。它有如黄河、长江汇集百川那样，吸收了中国疆域内的众多的大小民族，历经几千年的大风大浪和兴衰变化而一直稳固地凝聚在一起，并且一直保持着伟大民族的生机和活力。这件事，本身就是世界历史上一个极其奇特的现象。这个现象之所以能够产生，固然有着经济、政治和社会历史的多方面的原因。但是毫无疑问，中国人民的爱国主义精神，作为一种伟大凝聚力和向心力，显然是起了重大作用的。

大家看吧，经过中国人民几千年的艰苦勤奋和富有智慧的体力和脑力劳动，逐步建立起伟大的具有独特光彩的物质文化和精神文化，使中国成为世界历史上文化发达最早的几个国家之一，并在长时期内居于世界的前列，对东方以至于全世界的文化产生了深刻的影响。中国人民从来珍视、维护和努力发展自己的优秀文化传统，因而能够历久不衰地在各种复杂情况下仍然拥有巨大的文化力量。"江山代有才人出，各领风骚数百年"，正是从一个侧面反映了这个客观的历史事实。

大家看吧，中华民族不但以刻苦耐劳、多才多艺著称于世，同时又是酷爱自由、富于革命传统的民族。几千年中，大小几百次的农民起义，无论规模和次数都为世界革命历史上所仅见。同时，中华民族的各族人民都反对民族压迫，他们赞成平等联合而不赞成互相压迫，并且也用反抗来解除这种压迫。而当外部强大敌人的压迫来临的时候，中华民族的各族人民就联合起来进行坚决的反抗。在我们民族"多难兴邦"的历史上，产生了多少民族英雄和革命领袖啊！

所有这些，都是同中国人民的爱国主义精神的巨大作用分不开的，同时又不断充实和发展了中国人民的爱国主义精神。而这就使得中国人民的爱国主义传统，无论是在我们祖国兴旺发达的时期，还是暂时衰落的时期，都从不中断，并且从来都是巨大的精神力量。

不仅如此，历史的经验还证明：越是我们中华民族面临危亡威胁的严重关头，中国人民的爱国主义精神就越发昂扬而不可动摇，越发显示出它的战斗锋芒。这一点，在近代以来的一百四十多年中，尤其获得了震动世界的突出表现。

由于长期封建制度所造成的发展迟缓的状态，由于外国帝国主义和中国封建主义相结合而把中国变成半殖民地（部分地区变成殖民地），中国在近代不仅是落伍了，而且面临着亡国灭种的巨大危险。但是中国各族人民从来没有屈服过。每一次资本主义列强及其仆从的侵略压迫狂潮，都不可避免地激起了中国人民更大的爱国主义热潮。从鸦片战争、太平天国运动、中法战争、中日战争、戊戌变法、义和团运动、辛亥革命、五四运动、五卅运动、北伐战争、土地革命战争、抗日战争、解放战争，直到抗美援朝战争等，这一连串的重大历史事件，反复地突出地表现了这个基本的历史特点。这就使得任何帝国主义和外来侵略势力都不能灭亡中国，而且永远不能灭亡中国。完全应当这样说，一部中国近代现代革命运动史，同时也就是一部中国近代现代的爱国运动史。

这里要着重指出，近代以来中国人民的爱国主义，不仅表现了强大的斗争力量，而且表现了强大的进步力量。自从中国工人阶级及其先锋队——中国共产党登上政治舞台并成为中国各族人民的领导力量以后，中国人民的爱国主义就同无产阶级国际主义统一了起来，从而大大丰富和发展了它的科学的革命的内容。在一百多年的时间内，中国人民的爱国和革命的运动，经历了由旧民主主义革命到新民主主义革命的飞跃，又经历了由民主革命到社会主义革命的飞跃。这种飞跃，生动地说明了中国人民的爱国主义已经注入了马克思主义的国际主义的新血液。这样的爱国主义，是建立在为祖国为人民力争进步的基础之上的，是同世界进步潮流完全一致的，因而是根本区别于任何保守、倒退的国粹主义和任何狭隘的、自私自利的民族主义的。

中国人民爱国主义的这个重大发展，在中国共产党的斗争实践中得到了最集中和最光辉的体现。历史的事实就是这样：中国共产党的老一辈革命家，首先都是最杰出的爱国志士。为了追求救国救民的真理，他们曾经如饥似渴地努力学习、研究并在某种程度上接受过资产阶级民主主义；但是随着革命实践的发展，他们终于找到了真正科学的革命真理——马克思列宁主义。为了推翻帝国主义和封建主义的反动统治，以伟大的马克思主义者毛泽东同志为代表的中国共产党人在把马克思列宁主义普遍真理同中国实际相结合的事业中，表现了中国人民的高度革命气魄和求实精神，表现了中国人民的高度文化力量和政治智慧。他们克服了国际共产主义运动中把马克思主义教条化的错误倾向对于中国革命的影响，从理论与实践的结合上正确地解决了中国人民大革命的胜利道路问题。在中国共产党领导下，经过二十八年的浴血奋战，中国人民终于推翻了帝国主义、封建主义和官僚资本主义在中国的反动统治，建立了中国历史上第一个人民当家作主的新国家——人民民主专政即无产阶级专政的中华人民共和国。历史事实证明，中国共产党是近代中国一切伟大爱国者和民主革命先驱者的事业的最好继承人。中国共产党是中国历史上最先进最伟大的爱国政治集团，具有中国历史上最先进最伟大的爱国精神和爱国力量。中国共产党的爱国事业的伟大成就，超过了中国历史上任何阶级和政治集团在这方面所曾经达到的高度。在长期的旧民主主义革命过程中，一切别的东西都试过了，失败了，只有马克思主义能够救中国，只有社会主义能够救中国。这是中国近代以来全部革命和爱国斗争历史的总结论。这是中国人民经过一百多年救国斗争检验而作出的历史抉择。这是中国人民爱国主义传统的必然的和光荣的归宿。

纵观中国人民爱国主义传统的历史发展，可以看得很清楚，爱国主义在中国历史上所以能够成为特别巨大的精神力量，归根到底说明了中国各族人民，首先是各族劳动人民，具有极其伟大的历史创造力量。我们这样的伟大人民，伟大民族，伟大国度，它的活力和天才是不可穷尽的，它的前程是不可限量的，它的爱国主义传统必然具有特别巨大的思想上、政治上和道义上的威力。任何抹杀中华民族伟大力量的企图，都是没有根据的，都只能是徒劳的。

中国人民爱国主义传统
在社会主义时期的新发展

如果说在旧时代，在帝国主义、封建主义的反动统治下，中国人民是把自己的爱国心表现为对于人民的奴隶生活和祖国山河破碎的巨大悲愤，表现为反抗帝国主义、封建主义的艰苦斗争；那么在人民民主专政和社会主义制度下，情况就根本不同了。

我们的社会主义祖国，已经由一百多年来受尽资本主义列强奴役和宰割的旧中国，变成了不受任何外国支配的新中国。我们粉碎了帝国主义的一系列严重侵略、干涉和颠覆活动，巩固了国家的独立，并在世界政治和人类进步事业中起着越来越大的积极作用。

我们的社会主义祖国，已经消灭了有几千年历史的剥削制度和作为阶级的剥削阶级，把人数众多的剥削者改造成为自食其力的劳动者，建立起了人类历史上崭新的社会主义制度，并且进行了有计划的大规模的经济建设。不论曾经发生过多少严重的挫折，我们毕竟是取得了旧中国千百年所从来没有达到过的经济和社会的巨大进步。

我们的社会主义祖国，已经开辟了中华民族伟大复兴的历史道路，已经踏上了新的征程，并从而为我们提供了走向社会主义现代化强国所必不可少的经济、社会条件和不可限量的光明前景。

正因为这样，今天我们社会主义祖国之所以可爱，就不仅是由于她山川壮丽、辽阔广大，不仅是由于她有悠久的历史和文化，也不仅由于她是我们世世代代生于斯、长于斯的祖国母亲，而更重要的是因为她今天是真正属于人民的了。

正因为这样，今天中国人民的爱国主义，就是热爱我们伟大的社会主义祖国，热爱我们祖国的国土、历史和优秀文化传统，热爱在我们国土上用劳动和战斗创造了伟大历史并继续创造着更伟大历史的人民，热爱我们祖国向着社会主义现代化强国前进的明确道路。

这样的爱国主义精神，是今天中国各族人民最广泛的大团结的重要思想基础和政治基础，是今天我们社会主义现代化事业所必须依靠的强大精神力量。

历史的道路是曲折的。新中国成立以来，并非一帆风顺。我们也犯过不少错误，其中最严重的是"文化大革命"这样全局性和长时间的错误。由于这些错误，国家没有能够取得本来应当取得的更大成就，人民承担了本来不应遭受的痛苦和牺牲。想到这些，我们的心情是沉重的。但是现在的问题是，在发生了这样的历史曲折之后，究竟应当怎样正确地认识和看待这些曲折，怎样正确地认识和看待我们的社会主义祖国，怎样更好地发扬今天中国人民的爱国主义精神呢？

"社会主义还能不能救中国？"有一些人有怀疑。由于错误和挫折所造成的困难和问题一时看来是如此之多，因而一时有怀疑是可以理解的。但是真理只有一个。历史的客观真理是：只有社会主义能够救中国。中国人民从一百多年来特别是"五四"运动以来的切身经验中，得出了这样一条不可动摇的历史结论。建国以来的巨大成就，难道不是已经初步地但又是有力地显示了社会主义制度的强大生命力吗？！诚然，我们现行的一些具体制度中还有这样那样的缺陷和弊端，有待我们有步骤地加以改革；但是必须指出，它们并不是由于社会主义基本制度造成的。恰恰相反，它们是由于种种违反科学社会主义的错误东西，给社会主义制度带来歪曲和破坏所造成的。历史已经证明并将继续证明，作为最先进阶级的代表的中国共产党的领导和社会主义基本制度，能够保证我们用自己的力量来纠正自己的错误。这也正是社会主义制度具有强大生命力的表现。试问在人类历史上，有哪一个新的社会制度，有哪一个作为社会领袖走上历史舞台的新的阶级，是没有经过极大的颠簸、震撼、曲折和反复，而一步登天地达到成功的呢？我们建设社会主义，不仅是要在消灭剥削和实行公有制的条件下创造具有高度发达的现代化水平的社会生产力，而且是要建立高度民主的先进的政治制度，建立具有共同理想、共同道德和共同指导思想的高度的精神文明。社会主义制度的这种最根本的优越性，是资本主义社会不可能有的。有什么根据，要求社会主义这个人类历史上空前深刻的伟大变革必须一帆风顺，而不会遭受各种曲折和挫折呢？对于一个崭新社会制度建设的长过程来说，新中国成立几十年不过是锋芒初试。我们前途还远大得很。正如列宁在俄国十月革命以后最困难时期所说的那样："应该站得更高，看到各种社会经济结构在历史上的更替。只有持这种观点才能够看清楚：我们担负起多么巨大的任务。"我们把眼光放远，采取历史的观点和科学态度，那么一切由于社会主义事业暂时挫折而根本怀疑社会主义制度的观点，就都是站不住脚的了。

"祖国落后，有什么可爱？"对于这样的论调，人们不禁要问，难道爱国是以祖国已臻富裕为前提条件的吗？爱恋自己生于斯、长于斯的故乡和祖国，这是中国各族人民世世代代的共同感情，这是一种极其朴素、真挚而深厚的感情。祖国再穷，也是生我养我的伟大母亲啊！因为祖国落后，就认为祖国没有什么可爱的这种市侩哲学，不是大有愧于中华民族历史上为国为民牺牲的无数先烈吗？我们的许多先烈，正因为痛感于祖国的落后，才甘愿献出自己的一切以至于生命，为改变落后而斗争。同样的道理，我们今天承认中国在经济文化的许多方面仍然大大落后于发达的资本主义国家，这只是表明我们决心用最大的努力来改变这种落后面貌，而决不能以此作为嫌弃自己祖国的理由。同时，承认落后，就要分析落后。要看到中国落后的一个根本原因，是由于帝国主义和封建主义的长期压迫和剥削。要看到中国是一个人口众多，其中大半是农民，而又耕地很少，落后的农业经济在国民经济中占很大比重的国家。要看到彻底改变中国这样一个大国的落后面貌，不经过若干代人的坚持不懈的艰苦奋斗，是不可能成功的。不顾这样一些基本的历史条件，而孤立地去同发达资本主义国家相比较，或者去同某些由于外贸方面的特殊有利条件而迅速发展起来的小国和地区相比较，那就不可能得到正确的结论。反之，如果我们是认真地和具体地分析了这样一些基本的历史条件，那就可以如实地和公正地看到，我们祖国在社会主义制度下确实是取得了在其他社会制度下所不可能取得的巨大进步。这一点，今天连一些比较客观的外国资产阶级观察家们都是看到了的，难道我们自己的人们反倒看不到吗？唐代青年文学家王勃的《滕王阁序》中有一句名言："穷且益坚，不坠青云之志。"祖国的落后，祖国和人民的艰难困苦，正是对于我们每一个人的严肃考验，正要求着我们每一个人更加坚贞地发扬崇高的爱国主义精神，确立改变祖国落后面貌的"青云之志"。这才是唯一正确的结论。

"要向外国学习，还要不要民族自尊心？"这是一种不应有的误解，是把向外国学习同民族自尊心割裂开来，并且绝对地对立起来了。我们从来反对拒绝学习外国和轻视其他民族的国粹主义者和民族主义者，反对妄自尊大；但是同时也从来反对妄自菲薄，反对盲目地崇洋媚外。这里的界限在于：对一切民族、一切国家的长处都要学，政治、经济、科学、技术、文学、艺术的一切真正好的东西都要学，但是不能盲目地学，不能一切照搬照抄，而必须有分析有批判地学。外国的缺点当然不要学，至于外国资产阶级的腐朽东西，还要坚决抵制。你看，我们民族历史上唐朝的全盛时期，是中华民族文化处于世界高峰的光辉时期之一，但这个时期，恰恰又是最能放手吸收外国和外域的优秀文化，借以丰富自己民族文化的时期。我国近代历史上第一位民族英雄林则徐，是那样坚决地大无畏地反对英国殖民主义者的"鸦片贸易"，但恰恰是他，又是当时中国最肯冲破闭关时代封建意识的限制，虚心体察外国情况的人，历史学家们把他称为"满清时代睁眼看世界的第一人"。这样的历史经验，难道不是值得我们认真学习和借鉴吗？

"不是我不爱祖国，是祖国不爱我。"这是一种偏激情绪，错误观点。这里首先必须严格区别旧时代的反动国家机器和社会主义时代的人民的国家机器。在旧时代，在剥削阶级的反动统治下，那种号称代表祖国的反动国家机器实质上是剥削阶级用来镇压劳动人民的工具，因而它实际上并不能真正代表祖国。在这种情况下，一切真正的革命者，他们热爱祖国，就必然不惜牺牲自己的一切，为推翻剥削阶级的反动统治和摧毁反动的国家机器而斗争。但是在社会主义时代，情况完全不同。社会主义的国家机器掌握在人民自己手里，它是属于人民和保护人民的，并且是人民在革命中用鲜血和生命赢得的最主要的东西。在这种情况下，热爱祖国，就包括热爱人民自己的国家机器，并且为它的不断完善而努力奋斗。

看今天我们的伟大祖国，各条战线，有多少正直的爱国的人们，多少共产党员和非党的同志和朋友，多少知名和不知名的人们（更多的是不知名的人们），一片赤诚，竭尽全力地为祖国服务啊！

请听一听中国人民解放军的一位老将军在祖国西北边疆的一次讲话吧。这位经过二万五千里长征的老将军，在"文化大革命"中历遭迫害，但是壮志弥坚，复出后又自动向中央请命去到他当年率军解放的边疆帮助工作。他在讲话中这样说："我热爱祖国新疆，热爱这儿的各族人民，同这里的山山水水也有很深的感情。我退休后要在这里度过有限的晚年，当我去见马克思时，骨灰也要撒到天山上，永远成为新疆大地的一粒，实现我的诺言。……要学习革命先烈和人民英雄的革命精神，春蚕到死丝方尽，高风亮节留人间。"

请读一读一位中国科学工作者在国外参加一次重要国际学术会议期间所写的一篇短文吧。这位年轻的尚未成名的学者，他的学术论文在这次会议上得到高度评价，一下子成了会上最引人注目的人物之一，好几位外国教授希望他留在北美工作。可是我们这位学者的感想呢？他这样说："在这样重大的国际会议上作报告还是第一次，可我一点都没有感到胆怯。我想到的是：我是中国人民的一个普通代表，我代表的是伟大的祖国。……我记起了几个外国教授对我说过的话：'你应该留在北美，如果你这样做，无疑你将成为世界上几个最重要的计算机科学家之一。'他们知道我的水平，但是他们不知道我的心。我生为中国人，死为中国鬼！为了祖国的荣誉，我愿奋斗终生！此时此刻，我更加怀念万里以外的祖国。祖国啊，我爱您！"

再请看一看今天有多少勤奋学习的青少年学生把"为中华之崛起而读书"作为自己的座右铭吧！大家知道，"为中华之崛起而读书"，这是周恩来同志少年时代在回答读书是为了什么的问题时所说的话。实际上这也正是周恩来同志毕生不可动摇的信念之一。现在，周恩来同志的信念，又成为中国无数后辈青少年的伟大信念了。

这样的例子，举不胜举。在我们广大工人、农民、解放军指战员和广大知识分子当中，在各条战线和各种工作岗位上，在每日每时平凡而伟大的劳动和战斗中，何止千万！何止千万！

这使我们想起了鲁迅的题为《中国人失掉自信力了吗》的著名战斗文章。在风雨如磐的黑暗年代，鲁迅在这篇文章中鲜明地回答了所谓"中国人失掉自信力"的舆论。他说："说中国人失掉了自信力，用以指一部分人则可，倘若加于全体，那简直是诬蔑。""我们有并不失掉自信力的中国人在。""我们从古以来，就有埋头苦干的人，有拼命硬干的人，有为民请命的人，有舍身求法的人……这就是中国的脊梁"。

从鲁迅这段话，人们看到了什么呢？人们看到的，是今天正在焕发出新的力量的伟大中国人民的灵魂，伟大中华民族的灵魂。

为社会主义祖国的繁荣富强而献身

我们的社会主义祖国正在经历着自己历史上一个空前伟大的转折。这就是由"文化大革命"的错误道路到十一届三中全会正确轨道的转折，由多年动荡、徘徊到社会主义建设稳步健康发展的转折，由经济文化长期落后到中华民族伟大复兴的转折。在这样一个伟大的历史关节，发扬中国人民的爱国主义精神，就是要发扬举国一致，社会主义祖国利益和荣誉高于一切的精神；就是要发扬充分相信和依靠中国人民自己的力量，自力更生、艰苦奋斗的精神；就是要发扬把自己的命运同祖国命运紧密地联系起来，为建设祖国和保卫祖国，为社会主义现代化建设事业而献身的精神。

迄今为止的人类社会，还是按照地域划分为国家的。这种情况无疑还将在人类历史上持续很久很久。而只要是在这样的历史条件下，那么任何一个革命阶级就总是要在祖国的范围内存在和发展，总是要在祖国这个政治的、文化的和社会的环境中进行各种不同的斗争，并且总是要首先竭尽全力地为祖国和人民的命运而奋斗。何况今天我们的祖国，已经是真正属于人民的社会主义祖国了呢！占世界人口近四分之一的中国人民达到民族伟大复兴的道路，不是别的什么道路，而是社会主义道路。在这条道路上，我们建设事业的每一个胜利，必然同时也就是对于无产阶级国际主义和人类进步事业的贡献。今天社会主义中国的任何一个革命者，必然首先是一个爱国者。离开为社会主义祖国而斗争，那就一切无从谈起。试问一个连对自己的社会主义祖国都不懂得热爱与敬爱的人，难道真的能够"为全人类服务"吗？如果不顾社会主义祖国的利益，而大言不惭地说什么首先为全人类服务，那就只不过是回避自己对于社会主义祖国的神圣义务的一种遁词，是没有任何价值的。

青年是祖国的未来。富于高度的爱国主义精神，从来就是中国青年的优良革命传统。沿着中国无产阶级革命先辈们用鲜血和生命开拓出来的道路前进，这是中国共产党诞生以来的中国青年运动的主流和唯一正确的方向。这种革命传统在今天的发展，就是要在中国共产党的领导下，把青年的全部精力和热情集中到社会主义祖国的现代化建设事业上来，集中到保卫和建设社会主义祖国上来。今天的中国青年，继承了中国无产阶级革命先辈爱国的革命情怀，同广大工人、农民有密切的联系，他们关切社会主义建设事业，并且看到了国家和人民的艰难困苦。广大中国青年当中蕴涵着的热爱社会主义祖国的极其深厚的感情，必将在新的历史时期中转化成为巨大的建设力量。那种所谓青年一代同老一辈革命家之间存在鸿沟的论调，妄图切断广大青年同老一辈革命家之间不可分割的血肉联系，把青年引上摆脱共产党领导从而离开社会主义方向的邪路，是完全错误的。

我们祖国的社会主义现代化建设事业，是爱国的正义的和革命的伟大事业。这个事业要完全走上正轨，还面临着许多问题和困难。我们今天需要的，当然不是自满自足或消极悲观，而是要按照党中央所指明的方向，清醒地和彻底地认识我们所面临的任务、问题和困难。我们的认识愈清醒、愈彻底，则我们把祖国变成真正富强国家的决心就会愈加锻炼得像钢铁一样坚强，我们的爱国热情就会愈加燃烧得像烈火一样炽热。在当前，全心全意地拥护和贯彻执行党中央的方针政策，为进一步实现社会安定和经济调整，为维护社会主义民主和法制，为祖国的社会主义现代化建设而努力奋斗，就是爱国主义的实际表现。

我们拥有一切必要的条件。在中国共产党的领导下，在新的历史时期中，彻底抛掉一切民族自卑心理和颓唐情绪，振奋起中国人民的大无畏革命精神，中华民族的伟大复兴是一定能够实现的。

我们立论的基础

（一）

党的十三大在思想上理论上政治上的一个重大贡献，就是从国情出发，深刻说明我国正处在社会主义的初级阶段，并且明确指出这是建设有中国特色的社会主义的首要问题，是制定和执行正确的路线和政策的根本依据。

列宁在十月革命后说得好："根据书本争论社会主义纲领的时代已经过去了，我深信已经一去不复返了。今天只能根据经验来谈论社会主义。"

什么经验呢？在我们看来，一切从国情出发，把马克思主义基本原理同本国实际相结合，就是最基本的经验。

也许有同志会问："辛辛苦苦几十年，干了个'初级阶段'？"

毫无疑问，大家都希望国家能够进步更快。一举摆脱落后状态而臻于理想境界，岂不更好？但是我国社会今天究竟处在什么历史阶段，这不是主观愿望问题，而是客观实际问题。

我们应当不怕实事求是，应当不怕脚踏实地，应当不怕重新认识社会主义，应当不怕清醒地老老实实地面对国情。

（二）

当然，从来也没有人公开主张可以不要认清国情。但在实际上，人们所谓国情，究竟是事实上存在的，还是主观臆断的？是真正反映全部基本要素的，还是片面的表面的？是贯彻于一切方面和一切过程之中的，还是一时的偶然的可有可无的？这里大有分别。而这种分别，决定一切。

让我们来简略地看一看，十三大报告是怎样分析国情的。

第一是历史前提。我们所说的社会主义初级阶段，不是泛指任何国家进入社会主义都会经历的起始阶段，而是特指我国这样脱胎于半殖民地半封建社会，在生产力落后、商品经济不发达条件下建设社会主义所必然要经历的特定阶段。

第二是现实状况。我国社会主义的基本制度已经确立，38年的社会主义革命和建设取得重大成就；但是就总体来说，经济文化落后和发展严重不平衡的状况，没有也不可能根本改变。

第三是曲折道路。没有现成经验，加上十一届三中全会以前20年间的一系列重大"左"倾错误而又长期不觉悟，甚至愈演愈烈，这就大大加剧了我们今天面临问题的复杂性。

第四是国际比较，把中国放到世界范围去比较。十三大报告虽然没有专讲，但是实际上一再尖锐地指出了这个问题。这一条之所以重要，是因为衡量发达不发达的标准，不是固定不变的，而是不断发展的；不是孤立存在的，而是各国之间相互比较才能明确起来的。我们今天讲战略目标，讲工业化和生产的商品化、社会化、现代化，不是面对着17、18、19世纪或20世纪前期的资本主义，而是面对着20世纪后期以至21世纪上半叶的资本主义。所以说，挑战是严峻的，这个大背景是绝对不可忽略的。

四个方面，如实地和全面地概括了基本国情。

应当说，这是事实上存在的，是全部基本要素，是贯彻于一切方面一切过程的，而不是主观臆断的，片面表面的，可有可无的。

全部问题归结到：我国这样一个原来是半殖民地半封建社会的落后国家，虽然能够不经资本主义充分发展的阶段而走上社会主义道路，但在走上社会主义道路之后，相当长时期内仍然不可避免地是经济文化落后的国家。

由此而来的就是：我们的社会主义，不可避免地要经历一个相当长的初级阶段。

（三）

从国情出发，首要的和根本的是从本国社会生产力的实际状况出发。

大家知道，1917年十月革命以来走上社会主义道路的国家，大都是原来经济文化落后或比较落后的国家，而不是如马克思、恩格斯当年设想的资本主义充分发展的国家。当然，马克思、恩格斯并没有认为社会主义革命只有在资本主义充分发展的国家才能发生，相反地，他们曾经不止一次地指出，落后国家在一定条件下有可能不经过资本主义充分发展而直接进入社会主义。但是，他们在很大程度上是把落后国家进入社会主义看作特殊的例外现象，并且是以西欧发达资本主义国家建立社会主义为前提的。正因为这样，他们没有探讨过落后国家能否先于资本主义充分发展国家进入社会主义的问题，更从来没有使用过"社会主义建设"和"赶上资本主义发达国家"之类的提法。而列宁以后，从1917年到现在，整整七十年间人类社会的巨大变动，却用确定不移的历史事实告诉人们，已经进入社会主义，经济文化却仍然落后于资本主义发达国家，这是一个摆在几乎所有走上社会主义道路的国家面前的巨大矛盾。

首先触及这个问题的，是列宁。

他在逝世前不久，在批驳那种认为俄国既然落后就不该革命的观点时，这样说："既然建设社会主义需要有一定的文化水平（虽然谁也说不出这个一定的'文化水平'究竟怎样，因为这在各个西欧国家都是不同的），我们为什么不能首先用革命手段取得达到这个一定水平的前提，然后在工农政权和苏维埃制度的基础上追上别国的人民呢？"

列宁的观点完全正确。问题在于，1917年以来建设社会主义的实践，从一国实践到多国实践，实际上往往都是对生产力发展过程的长期性估计不足，由此而来的就是对社会主义发展过程的长期性和阶段性认识不足。这就不可避免地要经历曲折，付出代价。

原因究竟在哪里呢？

这里有缺乏经验的问题，有外来封锁和侵略战争那样的临时因素的干扰和破坏问题，也许还可以说有某些领导者个人因素的影响问题，等等。但是归根到底，还有一个是否从本国国情首先是本国社会生产力的实际状况出发，是否清醒认识在落后条件下建设社会主义的道路上，究竟什么东西可以逾越而什么东西不可逾越的问题。

就以我国情况来说吧。

当我们说中国可以越过资本主义充分发展阶段而走上社会主义道路的时候，指的是在近代我国所处的国际国内具体历史条件下，由于阶段力量的对比，由于各个阶级之间和各派政治力量之间的长达百年的反复较量，证明了资产阶级和资本主义剥削制度不可能取得统治地位。这是事实，是一方面的事实。

当我们说我国社会主义初级阶段不可逾越的时候，则又指的是我国无产阶级虽然取得政权，虽然进入社会主义，而就生产力水平来说，就生产商品化、社会化、现代化的程度来说，却仍然远远落后于发达的资本主义国家。这也是事实，是又一方面的事实。

两个方面的事实，同时告诉我们：不论中国人民在一定历史条件下所进行的革命阶级斗争，包括新民主主义革命和社会主义革命，取得何等辉煌的胜利，我国社会生产力发展过程本身毕竟是实实在在不可逾越的。我们必须在社会主义条件下，用一整个历史阶段，去完成人家在资本主义下完成的工业化和生产商品化、社会化、现代化的任务。从20世纪50年代生产资料私有制的社会主义改造基本完成算起，至少也要上百年，时间短了是不行的。

这个过程之所以不可逾越，首先是因为，"人们不能自由选择自己的生产力"（马克思）。每一代人所得到的生产力，都是前一代人已经取得而被传下来，成为后人继续前进的历史基础。毛泽东在50年代就说过，我们的老祖宗，从前清末年算起，包括张之洞和蒋委员长交给我们的遗产，钢只有90万吨，机床只有8万台。

这个过程之所以不可逾越，其次是因为，生产力是人们的生产实践和科学实验能力的结果，而这种能力诸因素的形成和发展只能日积月累，是渐进过程。即使是产业革命时期，也都是以几十年计，而不可能像战争和政治斗争那样可以在相对较短的时间内取得胜利。

这个过程之所以不可逾越，再次是因为，生产的商品化、社会化，是人类社会经济运行方式发展的必经阶段，是实现我国经济现代化的必要条件。把商品经济同资本主义混为一谈，以为既然可以越过资本主义充分发展的阶段，也就可以越过商品经济充分发展阶段的观点，曾经造成严重混乱，实践已经反复证明是完全错误的。

这个过程之所以不可逾越，最后还因为，自从人类社会进入资本主义时代，世界范围的经济联系日益密切，这就产生了生产力水平的国际比较，而且"水涨船高"。

毫无疑问，建国以来，我国生产力已有巨大进步。我国国民生产总值的绝对额，居于世界前列。我国钢、煤、石油产量和发电量及若干重要农产品，居于世界前几位。但是另一方面，同时必须清醒地看到，无论是人均国民生产总值，人均重要工农业产品产量，还是每一农业劳动力供养人口数；也无论是各项基础设施水平和科学技术水平，还是生产社会化和商品化水平，等等方面，我国同世界发达国家之间的差距都是很大的。

不讲别的，只就"工业化"问题来说。过去以为，工业产值在工农业总产值中占到70%以上，就算"工业化"了。但是我国工业产值虽然已经占到73.6%，而农业人口却仍然占到近80%，大大高于世界平均44%的水平，更不必说发达国家的水平了。这种状况说明，我们的工业化任务并未完成。所以十三大报告重提"工业化"，并且把"逐步变为非农产业人口占多数的现代化的工业国"，作为社会主义初级阶段的一项历史性任务。

总之，正如邓小平在1980年提出80年代三大任务时所指出，为了缩短和消除两三个世纪至少一个多世纪所造成的我们同发达国家之间的差距，必须下长期奋斗的决心。

正是这一条，从根本上决定了我们面临的主要矛盾，决定了我们的社会主义现代化建设和社会主义生产关系、上层建筑的完善和成熟，都必然要经历一个相当长久的过程，决定了我国社会主义社会只能是初级阶段的社会主义。

什么叫初级阶段的社会主义，用一句话来说，就是不发达的社会主义。

（四）

可不可以说，新中国成立以来，我们事业的胜利或失败，路线的正确或错误，党内一系列重大原则问题的争论，归根到底，就在于是否真正从国情首先是从社会生产力的实际状况出发。

新中国成立前夕，党的七届二中全会决议之所以是清醒的正确的，根本一条就在于如实地估计到我国社会生产力的落后状况，把我国"现代性的工业占百分之十左右，农业和手工业占百分之九十左右"作为最基本的国情，作为"一切问题的基本出发点"。

从这一点出发，我们党在建国之初，把主要锋芒对着帝国主义、封建主义及其走狗国民党反动派残余，并一再明确指出："新民主主义时期，即允许资产阶级和小资产阶级存在的时期"。由于方针适当，取得了迅速恢复国民经济的伟大胜利，1953年进入大规模经济建设。

也正是从这一点出发，我们党又从1952年下半年起反复酝酿十至十五年内基本实现社会主义改造，1953年形成"一化三改"的过渡时期总路线，1954年把这条总路线载入宪法，并且领导全国人民在50年代取得了基本实现生产资料私有制的社会主义改造的胜利。这方面存在的缺点和偏差，主要是农业合作化以及对手工业和个体商业的社会主义改造过急过粗；但是整个说来，的确是伟大的历史性胜利。

在这以后的一个短时间内，1956年党的八大前后，我们党的总的指导方针还是清醒的。八大把人民对于经济文化迅速发展的需要同当前经济文化不能满足人民需要这种状况之间的矛盾，作为我国社会的主要矛盾，这一点无疑是正确的。八大为社会主义建设所制定的一整套路线和政策，也都是正确的。

那时毛泽东不止一次地指出，说我们已经进入社会主义，进入是进入了，但是尚未完成，不要说已经完成。

他还在八大预备会议上尖锐地指出：如果生产力几十年还上不去，你像个什么样子呢？那就要从地球上开除你的球籍！

不幸的是，八大开过不久，关于主要矛盾的原来提法即被取消，而用"两个阶级、两条道路的矛盾"来代替。从1957年起，20年间，在社会主义建设取得一系列重要实际成就的同时，我们党的指导方针却愈益严重背离了八大路线。

一是1958年"大跃进"。主观意图是要大抓生产力，实际上却以为只要依靠群众运动和"一大二公"，就能够迅速地把生产力提到极高程度，改变"一穷二白"，甚至迅速超越整个社会主义阶段，进入共产主义。

二是1962年八届十中全会"重提阶级斗争"以后。这时不再搞"大跃进"了，经济调整取得重要进展，并且转而强调社会主义的长期性。但是与此同时，对我国社会所处的历史阶段，使用了"从资本主义到共产主义的过渡时期"这样一个所谓"大过渡"的含混提法；对我国社会的主要矛盾，则坚持"两个阶级、两条道路的矛盾始终是主要矛盾"的错误提法。其结果：一方面，把当前阶段混同于生产资料私有制的社会主义改造没有完成的过渡时期，从而极端夸大和歪曲了本来只在一定范围内存在的阶级斗争，坚持"阶级斗争为纲"；另一方面，又把当前阶段混同于共产主义高级阶段，从而陷入空想，企图超越阶段地破除所谓"社会主义'凝固论'"，破除以按劳分配和等价交换原则为内容的"资产阶级法权"。由此发展到十年"文革"，"左"倾登峰造极。

两大失误，形态有所不同，但是本质相通：第一，都没有把我国社会生产力落后的实际状况作为一切问题的出发点。第二，都缺乏对社会主义的科学理解。

这就不可能真正从国情出发。

这就不可能真正做到把马克思主义基本原理同中国社会主义现代化建设的实际相结合。

这也就不可能正确确定路线和政策。

（五）

认清国情，认清我们现在所处的社会主义初级阶段，对于我们的事业有什么意义呢？

为了理解这一点，十三大报告第二部分一开头的一大段话是很值得注意的。这段话，提纲挈领，可以说是全篇的一个纲。这段话是这样的：

"这个论断，包括两层含义。第一，我国社会已经是社会主义社会。我们必须坚持而不能离开社会主义。第二，我国的社会主义社会还处在初级阶段。我们必须从这个实际出发，而不能超越这个阶段。在近代中国的具体历史条件下，不承认中国人民可以不经过资本主义充分发展阶段而走上社会主义道路，是革命发展问题上的机械论，是右倾错误的重要认识根源；以为不经过生产力的巨大发展就可以越过社会主义初级阶段，是革命发展问题上的空想论，是'左'倾错误的重要认识根源。"

这段话，提示了如下几个要点：

第一，"两层含义"。这就把我国社会主义初级阶段的历史地位和本质特征点出来了。

第二，"两种倾向"。这就把中国革命发展道路问题上的"左"右倾向点出来了。

第三，"两种认识根源"。这就把问题提到世界观和方法论的高度，把政治原则和认识原则紧密联系起来了。

问题集中到一点：是一切从中国社会客观实际出发的革命的能动的反映论，还是脱离中国社会客观实际的空想论和机械论？

历史的经验告诉我们：只有坚持一切从中国社会客观实际出发的革命的能动的反映论，正确认识我国社会所处的历史阶段，才能制定和执行正确的路线和政策，从根本上即从认识根源上排除"左"的和右的种种干扰。

历史的经验同时告诉我们：有这个出发点和没有这个出发点是大不相同的。十一届三中全会以前，"左"倾错误盛行时期，那种完全脱离中国社会客观实际，立足于主观唯心的"形势"估量而进行的所谓"反倾向斗争""路线斗争"和"阶级斗争"，以及种种失误，造成严重后果的情况，难道还少吗？

说到避免"左"右两种倾向，说到认识根源，我们还想起1941年上半年延安整风时期，毛泽东曾经专门就什么叫作"两条战线斗争"，以及怎样科学地认识中国社会和中国革命的性质，讲过一段富有哲理的话。

他这样说，两条战线斗争，在马克思主义者看来，就是：对于在时间和空间中运动着的一定事物的过去与现在的发展状态加以分析与综合，因而可以肯定它的暂时安定性（即该事物的本质及其属性）的一种方法。例如，为要认识中国现存社会的性质是什么，就必须对中国社会的过去状况与现在状况加以科学的具体的分析，懂得它既不同于独立的封建社会（第一条战线上的斗争），也不同于独立的资本主义社会（第二条战线上的斗争），然后才可作出综合的结论，说它是一个半殖民地的（半独立的）半封建的社会。要认识现时中国革命的性质，也必须如此。

毛泽东的这段重要论述，讲的是民主革命时期的问题，但是却从认识论和方法论上，给我们提供了非常切合今天需要的有益教导。

今天我们在做的，正是对中国社会的过去与现在的发展状态加以分析与综合，从而肯定它的本质及其属性。

今天我们在做的，正是使用这里所说的方法，经过对中国"社会主义初级阶段"的"两层含义"的具体的分析与综合，做出全面的科学结论。

今天我们在做的，正是一切从中国社会主义初级阶段的本质及其属性出发，来正确地制定和执行社会主义现代化建设和全面改革的路线、方针、政策和办法。

也只有这样，才有可能从根本上，即从认识根源上，防止和克服"左"右两种错误倾向，把我们的伟大事业不断地推向前进，使建设有中国特色的社会主义的道路越走越宽广。

这就是为什么说，关于我国社会主义初级阶段的科学论断，是我们立论的基础。

理论工作的根本指针

在新的历史时期中，应当怎样来加强我们的理论工作呢？我认为以下三点是重要的。

坚持党的基本理论和基本路线的极端重要性

邓小平1992年南方谈话提出的坚持党的基本路线一百年不动摇的历史性号召，党的十四大作出的用邓小平建设有中国特色社会主义理论武装全党的历史性决定，应当成为我们理论工作的根本指针。我们这样一个十几亿人口的大国，这样一个数千万党员的大党，所从事的又是这样一个伟大的改革和建设事业，如果没有一个统一的科学思想，没有一条贯通全局和各方面工作的正确路线，要想取得胜利和成功是绝对不可想象的。这一点，只要看一看在中国革命的长期斗争历史上，作为马克思主义同中国革命实践之统一的毛泽东思想是怎样在实践的检验中成为全党的统一的科学思想，从而指引中国人民大革命取得胜利，就很清楚了。只要看一看建国以后党的第八次全国代表大会的正确理论和路线没有在实践中坚持下去，因而导致后来的一系列严重挫折，就很清楚了。只要再看一看党的十一届三中全会以来，我们党在邓小平主持下，在实践中逐步形成了建设有中国特色社会主义的一整套理论、路线、方针和政策，并在任何困难、曲折以至惊涛骇浪面前都毫不动摇地坚持和发展，从而取得了改革开放和现代化建设的举世瞩目的伟大成就，就更加清楚了。由此可以看出两条：第一是正确理论和路线的极端重要性；第二是有了正确理论和路线，还必须在任何复杂情况下毫不动摇地加以坚持的极端重要性。应当说，这是我们党的长期历史，包括十一届三中全会后十五年这一段最新历史所提供的最根本的政治经验。

展望未来，我们大家都满怀信心。我们打下了继续前进的坚实基础。我们有着加快发展的不可多得的有利时机。在党中央领导下，坚持党的基本理论和基本路线，我们建设有中国特色社会主义的伟大事业是有胜利保证的。与此同时，作为马克思主义的有远见的伟大的党，我们党中央又清醒地估计到前进道路上还会有种种曲折和困难。这就要求我们，不断提高在任何情况下坚持党的正确理论和路线的自觉性和坚定性。大家知道，这个自觉性和坚定性的问题，是邓小平在党的十二大开幕词中就已指出的。当时他说："和八大的时候比较，现在我们党对我国社会主义建设规律的认识深刻得多了，经验丰富得多了，贯彻执行我们的正确方针的自觉性和坚定性大大加强了。"那么，随着党的事业的发展，随着新的环境和新的挑战的出现，这种自觉性和坚定性是不是还要受到新的考验，还要不断深化和提高呢？无疑是这样

理论工作的根本指针 /

的。而要真正做到这一点，一个极为重要的条件就是在实践基础上不断地加强理论武装。

理论武装的一个根本问题，是邓小平反复提出的要弄清楚什么是马克思主义、什么是社会主义的问题。读邓小平的著作，特别是进入全面改革阶段的著作，大家都会注意到一点。他说过，多年来，存在一个对马克思主义、社会主义的理解问题。在世界发生巨大变化的条件下，如何认识和发展马克思主义？没有搞清楚。真正的马克思列宁主义者必须根据现在的情况，认识、继承和发展马列主义。墨守成规的观点，只能导致落后，甚至失败。他反复强调，我们现在所干的事业是一项全新的事业。我们坚持马克思主义，但必须是同中国现代化建设实际相结合的马克思主义。我们坚持社会主义，但必须是从中国实际出发的有中国特色的社会主义。他还反复强调了社会主义的根本任务是发展生产力，马克思主义最重视发展生产力，并在南方谈话中进一步明确提出了"三有利"的标准和包括解放和发展生产力在内的关于社会主义本质的理论概括，还提出了中国要警惕右，主要是防止"左"的战略思想。事情很明白，只有坚持这样的马克思主义和社会主义，才能一方面同抛弃马克思主义、社会主义的思潮划清界限，另一方面又同墨守成规、脱离中国实际和时代发展的观点划清界限。也只有坚持这样的马克思主义和社会主义，才能在实践中经过长期奋斗，拿事实来证明社会主义优于资本主义。

不断深化和提高坚持党的基本理论和基本路线的自觉性和坚定性的过程，是一个在实践的基础上，理论武装和实践检验相互促进的生动过程。思想理论的解放，促进了实践的前进，而改革开放和现代化建设的成就、问题和为解决这些问题而进行的努力，反过来又促进了思想理论的深化和拓展。十一届三中全会以来的15年，难道不就是这样一个过程吗？正是在这样的过程中，全党同志坚持党的基本理论和基本路线的自觉性和坚定性加强了，发展了，一步一步地提到更高的程度。这是我们大家都亲身经历过来的。

这里我还要特别引用1987年2月6日邓小平在一次谈话中所指出的：要在理论上阐述什么是社会主义，讲清楚我们的改革是不是社会主义。要申明四个坚持的必要，反对资产阶级自由化的必要，改革开放的必要，在理论上讲得更加明白。邓小平的这个要求，我认为应当是我们理论工作者为之付出长期努力并不断做出新的成绩的首要课题。

关于社会主义市场经济新体制的研究

当前，我国的社会主义现代化建设和社会主义市场经济体制的建立都处在一个关键的时期。这个关键时期的一项重大任务，就是在新形势下把改革和发展更好地结合起来，把有系统地建立和完善社会主义市场经济新体制的工作切实地组织起来，加快实施。我认为，这应当引起我们理论工作者的高度重视，并且围绕这个课题，努力工作。

党的十四大作出关于建立社会主义市场经济体制的决策，意义重大，影响深远，是来之不易的。这个决策要付诸实施，又将是一个十分艰难的过程。就理论工作来说，现在的问题，是要从一般的理论观念的探讨，进到理论和实际相结合的总体设计和模式创造的研究；从一般的方针原则的探讨，进到原则与实际相结合的实际操作的研究；并把市场经济新体制的建立同解决当前经济建设和经济生活中的突出矛盾和问题结合起来进行研究。我们说，在中国建立社会主义市场经济新体制很不容易，很艰巨，不仅是由于理论上存在着这样那样的难点，而且首先是由于我们改革和发展事业面临着特殊的历史条件和挑战。什么条件和挑战呢？第一，就社会发展阶段来说，我国是不发达国家，处在社会主义的初级阶段。我们进入了社会主义，但是由于没有经过资本主义充分发展阶段，生产的商品化、社会化和现代化严重落后，我们要在社会主义条件下补上商品化、社会化、现代化这一课。第二，就经济体制来说，历史形成的传统经济体制向市场经济新体制的过渡，是艰难复杂的过程。传统经济体制还有待于继续从深层次上进行改革，它的缺乏约束机制和风险机制的弊端仍然存在，而新体制尚未形成，它在资源有效配置中的基础性作用还没有充分发挥。第三，从经济环境来说，总体上存在着不可多得的有利机遇，但是由于社会生产力水平不高，生产不能满足需要的矛盾将长期存在，经济生活某些方面很不宽松，以至紧张。为解决当前一些突出问题而采取的应急措施如何同深化改革相协调，成为一个难点。第四，在市场经济条件下，人们的经济生活，利益结构，活动方式，以及相应的思想状态、心理状态，发生了众多的前所未有的变动、矛盾和问题。第五，既要发展市场经济，实行对外开放，又要精神文明不滑坡，党风、政风、社会风气向上走，抵御资产阶级的和封建的腐朽思想的侵蚀，任务同样很艰巨。以上这些是我们全党面对的困难和挑战，我们理论工作者在这方面也应当有所作为，大有用武之地。所以说，现在正是加强理论工作，深化和拓展理论研究的极好时机。应当努力做到：既能够帮助党和国家的决策机关和实际工作部门，提供有理论深度的紧密结合实际的思路和方案，又能够生动实际和有说服力地回答人们认识的诸多热点和疑点问题。在这里，我认为实际上是从另外一个角度，即从当前实践要求的角度，尖锐地提出了对理论工作的迫切要求。

还要说到一点：邓小平关于社会主义市场经济问题的思路，是需要认真领会的。他一直关注这个问题，从1979年到1992年南方谈话，讲到这方面问题有十次以上。其中大部分已经收入中央文献研究室编辑出版的《邓小平关于建设有中国特色社会主义的论述专题摘编》。大家都知道，邓小平最早讲到这个问题，是在1979年11月26日同美国《大不列颠百科全书》副总编吉布尼的谈话中。这是我们党的领导层用明确肯定的态度谈到社会主义市场经济问题的最早最重要的谈话。1982年7月，他又在一次谈话中指出：社会主义同资本主义相比较，它的优越性在于全国一盘棋，集中力量，保证重点。缺点在于市场应用得不好，经济搞得不活。计划与市场关系问题如何解决？解决得好，对经济的发展就很有利，解决不好，就会糟。

又如，1987年2月6日，他又明确指出：为什么一谈市场就说是资本主义，市场是一种方法嘛。只要对发展生产力有好处，就可以利用。它为社会主义服务，就是社会主义的；为资本主义服务，就是资本主义的。好像计划就是社会主义，这也是不对的。日本就有一个企划厅嘛，美国也有计划嘛。我们以前是学苏联的，就是讲计划经济为主，现在不要再讲这个了。

此外，我认为还有必要再强调一下，这就是1985年邓小平会见美国高级企业家代表团的谈话。当时美国人提问，中国出现贪污腐化和滥用权力的现象，是否反映一个潜在的很难解决的矛盾，即市场经济和社会主义制度之间的矛盾？邓小平这样回答：社会主义和市场经济之间不存在根本矛盾。问题是用什么方法更有利于发展社会生产力。把计划经济和市场经济结合起来，就更能解放生产力，加速经济发展。在这个过程中，出现了一些消极的东西，但更重要的是，搞这些改革，走这样的路，已经带来了可喜的结果。只有这条路，才是通向富裕繁荣之路。邓小平还指出：我相信，随着经济的发展，随着科学文化和教育水平的提高，随着民主和法制建设的加强，目前社会上那些消极的现象也必然会逐步减少并最终消除。所以，我们当前压倒一切的任务就是一心一意地搞四化建设。

由此可见，邓小平有关社会主义与市场经济问题的论述，分析是深刻的，思路是明晰的、实际的、全面的、一贯的。了解和研究他的这些论述，对我们今天研究社会主义市场经济问题有着重要的指导作用。一百年不动摇，我认为也应当包括这样的大思路不动摇！

向着更加实际和更加活跃的方向发展

我们理论工作的任务是够多够重的了。在党的基本理论和基本路线指引下，在邓小平南方谈话和党的十四大精神指引下，在理论联系实际和双百方针的指引下，理论工作应当紧紧地围绕加快发展和深化改革的需要，向着更加实际和更加活跃的方向发展。

首先，应当加强基本理论的研究。这里的根本问题，我认为是在于要以我国社会主义现代化建设问题为中心，把理论研究同实际经验的总结更好地结合起来。要总结自己的经验，也要总结别人的经验，要总结新鲜的经验，也要总结历史的经验。这也就是毛泽东在1942年3月30日延安整风时期所做的《怎样研究党史》这篇演讲中强调的"古今中外法"。他说，所谓"古今"就是历史的发展，所谓"中外"就是中国和外国，己方和彼方。他认为，我们的研究工作应当以中国问题为中心，同时从"古今中外"这几个方面来全面地历史地加以研究，把问题当作一定历史条件下的历史过程来研究。他说这就是马克思主义的方法。在这之前，1941年5月毛泽东在《改造我们的学习》一文中强调指出的研究现状、研究历史和研究国际经验，实际上也就是这个"古今中外法"。今天在新的历史条件下，我们的局面无疑是大得多了，问题也复杂得多了，但这并不意味着"古今中外法"已经过时。相反地，我认为我们应当更加自觉和更加有系统地（包括使用各种现代科研手段）运用这个方法，来研究我们社会主义现代化建设所面临的各种问题，包括社会主义市场经济问题。

对外国的研究，在我们搞现代化和改革、开放的今天，比起过去来，具有更加重要的意义。邓小平在1988年6月3日会见"九十年代的中国与世界"国际会议全体与会者时这样说，我们有30多年的经验教训，有成功的经验，也有失败的教训。但是光凭自己的经验教训，还解决不了问题。所以，要谋求中国的发展，摆脱中国的贫穷和落后，就必须开放。开放不仅是发展国际间的交往，而且还要吸收国际的经验和技术。我想大家都会赞成，应当把毛泽东的"古今中外法"和邓小平的这段话，作为我们加强理论研究工作的重要指导方针。

其次，应当加强对策问题的研究。看来很需要多方面、多层次、有系统地大大发展这一方面的研究工作。要分工合作，聚集人才，尽可能吸收众多的理论工作者和实际工作者来参加。上海《解放日报》以头版头条大字标题，报道了上海市政府在1993年6月3日召开决策咨询工作会议。报道说，理论界、企业界和政府有关部门300多人出席，会上宣布了市政府的三项决定：成立上海市发展研究基金会；首批聘请43位专家为市政府决策咨询工作的"高参"；设立决策咨询研究优秀成果奖。我看这是一个重大措施，无论对于实际工作还是理论工作都具有重大意义。

为决策提供咨询，是一种需要独立思考的研究工作。只有这样，才能够为我们各级党和政府的决策真正提供科学的依据。

再次，应当加强对于社会实际状况的周密系统的调查研究。特别是在市场经济条件下，我们社会生活各方面都发生着什么样的变化，以及变化的深度、广度和走向，很需要我们开展深入、细致和持续的调查工作以及某些必要的预测工作。这对于党和政府及时准确地掌握社会生活的脉搏，是很有意义的。

最后，整个哲学社会科学的各个学科，当然都需要按照自身的性质和特点，适应社会主义两大文明建设的现实和长远需要，广泛开展具有实践意义、理论意义和学术价值的众多课题的研究，包括弘扬民族优秀文化传统，借鉴吸收人类文明一切优秀成果，提高传统学科和各类新兴交叉边缘学科的建设水平，等等。

以上这四个方面的工作，都应当有所规划，并且突出重点，相应地建立和健全基金制和奖金制。

邓小平早在1979年3月《坚持四项基本原则》这篇著名的讲话中就指出，需要根据新的丰富的事实，对中国社会主义的发展作出新的有充分说服力的论证，写出一批有新内容、新思想、新语言的有分量的论文、书籍、读本、教科书来。这决不是改头换面地抄袭旧书本所能完成的工作，而是要费尽革命思想家心血的崇高的创造性的科学工作。他还说："我提议中央宣传部把对这项工作的领导责任担当起来，并且提议，对于确实写得好的著作，经过评审，应该由党和国家发给奖金，以便给这项看来似乎平凡实则很艰苦的工作以应有的荣誉。"这是邓小平在十四年前直接向我们中宣部提出的一项重大的任务啊！我们决心和大家一道，努力做好。

理论工作"重在建设"，一是理论建设，二是队伍建设。我们的理论队伍，总的来说，必须如实地肯定，是一支好的队伍。这个队伍，要在党的基本理论和基本路线基础上更加团结；要在理论联系实际的原则下更加务实；要在百家争鸣的方针下更加活跃，为社会主义改革开放和现代化建设事业而开拓创新。在大方向一致的前提下，团结的人越多越好，而决不是越少越好。正如江泽民强调指出的：团结就是力量，团结出凝聚力，出战斗力，出新的生产力！在新的历史时期中，我们理论工作是大有用武之地的。

对社会主义的新认识

　　胡乔木是杰出的马克思主义理论家，党的思想理论文化宣传战线的卓越领导人。1955年我到中宣部工作时，乔木同志虽然已经离开中宣部，但是他的学识、人品、文章，使我这个当时二十几岁的年轻干部十分景仰。党的十一届三中全会以后，我有幸多次参加了他主持的党的文件的起草工作班子，直接在他领导下工作，所受教益更是令我终生感念。

　　乔木同志是一位不倦的战士和"思想者"。他那种勤于思考的精神，给我留下不可磨灭的深刻印象。这里我想特别说到收录在《胡乔木文集》第二卷中的《对社会主义的新认识》那封信。这封信虽然只有一千来字，但分量很重。它表明乔木同志对社会主义的认识达到了一个新的境界、新的高度。

　　大家都记得，1989年6月邓小平指出，要很冷静地考虑一下过去，也考虑一下未来，以便使我们改革开放的步子迈得更稳、更好甚至于更快，使我们的失误纠正得更快，使我们的长处发扬得更好。在那以后，全党都在对社会主义的理论与实践进行反思，对十一届三中全会以来的改革开放事业进行反思。乔木同志也不例外，他的那封信就是在1990年4月写的。他从马克思主义理论发展的历史，从当代社会主义实践开创的新道路这样的大角度来反思，论及共产主义目标、社会主义概念、世界资本主义形势、社会发展标准等重大问题。他说："关于社会主义本身的概念在一百多年时间特别是近十多年间已经发生了重大的变化。科学社会主义理论，或者说社会主义基本原理决不是也不可能是一次完成的，现在也没有完成，只是已有很大进步。这里主要是关于共产主义的目标由近变远，作为共产主义第一阶段（后来被列宁称为社会主义）不仅由短变长，认识到社会主义时期是一个很长的历史时期，其成熟阶段现在还不能预见，而且由高变低，即由不承认商品经济到只在狭小范围内承认商品经济（限于全民所有制和集体所有制之间的交换，而集体所有制是按照某种经典人为地造成的），到承认整个社会主义经济是有计划的商品经济。同时，按劳分配由哥达纲领批判中的设想其实质再三改变，承认个体所有制（农民为主）和其他所有制的重要意义，即承认非按劳分配仍有存在的需要。"还说：社会主义商品经济从生产的内容、生产的方式、交换、分配、消费的各个领域都与过去的历史有很大不同。"而且为了充分实现有计划的商品经济还需要经历很长时间。这从形式上说可以看成后退，因为过去的想法离不了共产主义的初级阶段，而实质上却是真正的前进，使经济活力和人民生活大大前进了。"此外，过去"对世界形势则多着重资本主义总危机和资本主义国家的革命斗争，而没有或很少想到相反的情况。革命（包括亚非拉的民族解放运动）由高潮转入长时期的低潮，而资本主义则转入强大的攻势，这些是马克思主义历史上所始料不及的。现在必须面对现实。所以改革开放对于社会主义国家来说确是从理论到实践上的一场深刻的革命"。

乔木同志的这番议论，确实是深刻的和富有创见的。由此想到，十一届三中全会以来，作为我们党在思想理论战线的主要领导人，他不仅号召全党要不断地解放思想，实事求是，深入研究改革、开放和社会主义现代化建设所遇到的新情况、新问题，而且他自己也是身体力行的。他对新事物具有敏锐的观察力，对一些疑难问题具有深刻的辨析力。他的这篇对社会主义的新认识，就是不断地研究新情况、新问题的理论结晶。实际上，他的这个新认识，可以视为对邓小平反复指出的要弄清楚什么是社会主义和怎样建设社会主义这个首要的基本理论问题的一个重要的理解和发挥。

乔木同志对社会主义的这个新认识，就我所知，也是他在十一届三中全会以来长期思考这个问题的结果。在起草《关于建国以来党的若干历史问题的决议》过程中，乔木同志与起草组的同志有二三十次谈话。其中他多次提出要研究什么是社会主义的问题。大家知道，最近增补修订出版的《邓小平文选》二卷，新增加了《社会主义要首先发展生产力》一组谈话，集中地反映了当时小平同志对社会主义问题的思考。邓小平说："不解放思想不行，甚至于包括什么叫社会主义这个问题也要解放思想。"又说："要充分研究如何搞社会主义建设的问题。现在我们正在总结建国三十年的经验。总起来说，第一，不要离开现实和超越阶段采取一些'左'的办法，这样是搞不成社会主义的。""第二，不管你搞什么，一定要有利于发展生产力。""经济长期处于停滞状态总不能叫社会主义。人民生活长期停止在很低的水平总不能叫社会主义。"邓小平这些精辟论述，都是在1980年4—5月讲的。正是在这之后，乔木同志也多次强调了如何认识社会主义的问题。

1980年7月5日乔木同志在一次谈话中说：马克思主义成为一个党的指导思想以后，在长期的实践中确实面临一个问题，即马克思主义容易被教条化。但是共产主义是一种运动，在它的发展过程中不能不用新的原理代替旧的原理，或者对旧的原理作相当大的修改。社会主义的定义，社会主义的基本原理、基本要素也是要发展的。现在对于马克思的一些观点，还是摆脱不了教条主义的束缚。

在1980年8月13日的谈话中，乔木同志批评了"贫穷的社会主义"谬论。他说：社会主义既然是人类最先进的制度，如果没有高度发展的经济，这个社会主义是建设不起来的。社会主义怎样达到高度发展的经济水平，决议稿可以不讲，但要让人们明确决不能有贫穷的社会主义。宁可要贫穷的社会主义，也不要富裕的资本主义的观点，富则修的思想，应狠狠批一下，把道理讲清楚。应当说离开了发展生产力，就离开了革命的目的，也离开了马克思主义的根本原理。富同修是两码事。"富则修"完全是对社会主义的丑化。社会主义一定要有高度的经济发展，从不同水平出发会有不同的历程。我们已有的基础可以达到这个目的。

在这一年9月27日的谈话中，他谈到了对待马克思主义的态度问题。他说：加强党的理论工作，还要研究中国的现状、世界的现状，各种新问题。要表现出一种精神，马克思主义是要发展的，我们是站在那些把马克思主义推向前进的人一起的，而不是同死守马克思主义词句的人站在一起的。研究理论要真正从实际出发，不因为马克思说过什么话就回避事实。用一种创造性的态度来研究理论，实在是非常迫切的。要使党在理论上来一个复兴。

1981年3月16日乔木同志继续谈到这个问题说：马列离现在很久了，社会主义的实践同马列论证有很大变化，我们不能用马列语言来检验社会主义实践。社会主义实践在向前发展，我们思想不能停滞在马列的说法上。列宁逝世以来，社会主义实践有很大变化，提供了很多经验，提出了许多新的问题。

以上所述乔木同志的谈话是当时的笔记，虽然不一定很准确，但他的基本思路和基本观点是可以反映出来的。他既从思想路线，也从政治路线方面表明了他的看法。

到1981年9月，《决议》通过以后，乔木同志在一次讲话中又强调指出："社会主义究竟是什么样的，这是许多国家的共产党必须仔细地重新认识，要用一种学习的态度来认识的一个问题。这个学习也是一个艰苦的过程。自己建立起来一种社会制度，建立起来一种新的社会，但是，不等于自己对它有充分的了解，这很不容易。"他还重复地强调说："这个新的社会尽管是我们亲手建立起来的，但是，不等于我们就能完全地认识它。"

所有这些，就使我们可以看得更加清楚，我们前面在一开头引述的乔木同志1990年那封信所提出的对社会主义的新认识，正是上述这个基本思路和基本观点发展的逻辑结论。

总之，我觉得，纪念乔木同志，追思乔木同志，他这种遵循邓小平建设有中国特色社会主义理论的指针，不断研究社会主义实践的新经验，孜孜不倦地追求真理，而不受过时的和不符合实际的观念的束缚的科学精神，是很值得我们广大理论工作者学习的。

新飞跃与新理论

今年是党的十一届三中全会召开二十周年。二十年，在历史的长河中只是一瞬间。但是这二十年在中国社会主义建设的历史上，留下的是不可磨灭的一页。短短二十年，马克思列宁主义在同当代中国实际和时代特征的结合中实现了新飞跃，中国共产党人在新的历史实践中创立和发展了建设有中国特色社会主义理论这一当代中国马克思主义的新理论。我们今天纪念十一届三中全会二十周年，最重要的，就是要贯彻落实十五大作出的历史性决策，毫不动摇地高举邓小平理论伟大旗帜，把握大局，经受考验，抓住机遇，坚定信心，把建设有中国特色社会主义事业全面推向21世纪。

新结合　新飞跃

在漫长的革命岁月中，我们党获得的最宝贵的经验是：要真正坚持马克思主义，必须在不断发展的实践中不断实现马克思主义和中国实际的结合。

我们党在一个半殖民地半封建的东方大国，领导新民主主义革命，实施马克思主义的科学理论和社会理想，靠的就是这个"结合"。毛泽东说过："马克思列宁主义的普遍真理一经和中国革命的具体实践相结合，就使中国革命的面目为之一新，产生了新民主主义的整个历史阶段。"这是我们党的历史上的第一次结合。这次结合使马克思主义在中国实现了一次大飞跃，中国共产党人创立了毛泽东思想，并把它写上了党的旗帜。

我们党在最近这二十年，能够取得举世瞩目的伟大成就，使社会主义中国的面目为之一新，靠的也是这个"结合"。这次新的结合使马克思主义在中国出现了新的大飞跃。中国共产党人在新的历史条件下继承和发展毛泽东思想，创立了邓小平理论。这一理论也写上了党的旗帜。

为什么有了一次结合和飞跃之后，还要有新的结合和新的飞跃？

这首先是因为，我们党面临的历史条件和革命任务变化了。我们党领导全国人民把一个半殖民地半封建的旧中国转变为社会主义的新中国，标志着以阶级斗争为主要内容的第一次革命已经取得了决定性的胜利。新的革命是要把一个不发达的社会主义中国，建设成为一个富强、民主、文明的社会主义现代化国家。全党全国人民要解决的主要矛盾已经不是阶级矛盾，而是人民日益增长的物质文化需要同落后的社会生产之间的矛盾。全党全国人民的工作重点必须从阶级斗争转移到经济建设上来。与此相联系，必须改革不适合生产力发展的生产关系和上层建筑。这场新的革命，要求我们重新学习，要求我们重新结合。邓小平在我国进入社会主义建设新时期之初就提出了这一任务。

其次是因为，我们在建设社会主义的艰辛探索中吃过大亏，犯过错误。本来，这场新革命在我国进入社会主义之日起就已经开始了。可惜的是，由于党在工作指导思想上出现的错误，我国社会主义建设经历了一个曲折的发展过程，特别是发生了像"文化大革命"那样的内乱。而且，这场错误是在我国人民衷心爱戴的伟大领袖毛泽东的领导时期出现的，这是我们没有料到，也没有思想准备的。这势必促使我们重新考虑问题，促使我们解放思想，转换脑筋。邓小平在1986年9月接受美国记者华莱士的访问时说过，"文化大革命"那件事，看起来是坏事，但归根到底也是好事，促使人们思考，促使人们认识我们的弊端在哪里。他说，为什么我们能在70年代末和80年代提出了现行的一系列政策，就是总结了"文化大革命"的经验和教训。以十一届三中全会为标志开始的新的学习和新的结合，来自于历史实践提供的深刻教训。

这种新的结合，具有丰富的内涵。它既包含了马克思主义基本原理同当代中国实际的结合，即同社会主义初级阶段的基本国情，同社会主义现代化的崭新实践的结合，又包括了要用马克思主义的宽广眼界观察世界，同和平与发展的时代主题、同国际格局多极化和经济全球化的趋势、同新科技革命日新月异发展的特点相结合。这种结合，不只是一种思想原则和思想方法，而且是一种战略考虑和政治艺术。它既要求一种面对现实、脚踏实地的务实态度，又要求一种面向未来、高瞻远瞩的开阔视野；它既要求在复杂变幻的局势中把握正确的方向，又要求从国家利益出发作出灵活的应对。江泽民曾经深情地指出："邓小平同志是我国社会主义改革开放和现代化建设的总设计师，是建设有中国特色社会主义理论这一当代中国马克思主义的创立者。在改革开放和社会主义现代化建设的历史新时期，作为我们党的第二代领导集体的核心，他的最突出的贡献就在于，不仅领导我们的党和国家从'文化大革命'造成的深重灾难中走了出来，而且还以对当代中国和世界的深刻了解，为党和国家重新走在时代潮流前面，为中华民族以更强大的力量自立于世界民族之林，规划了崭新的和切合实际的宏伟蓝图。他立足中国大地而又面向世界，正视国情现实而又放眼未来，在研究新情况、解决新问题的过程中，高瞻远瞩地构思和设计了有中国特色社会主义的一整套发展战略。"这段话讲得多好啊！这里不仅阐述了邓小平的历史功绩，而且揭示了新时期新结合的新内涵，由此而产生的思想理论新飞跃，必定是当代中国马克思主义的新理论的创立和发展。

我们说邓小平理论是这种新结合新飞跃的成果，绝不是说我们党的指导思想马列主义、毛泽东思想已经过时，而是说历史、时代、实践要求我们在坚持马列主义、毛泽东思想的同时，对面临的新问题作出新回答，像当年毛泽东推进马列主义发展那样，继续在中国推进马列主义、毛泽东思想的发展。党在思想理论上的第二次历史性飞跃，就是在这样的历史条件和时代背景下，在马克思主义与中国实际的新结合中发生的。因此，邓小平理论的基本观点，已经内在地贯通着马克思主义哲学、政治经济学和科学社会主义，决不能把它同马克思主义割裂开来、对立起来，决不能认为这一理论及其提出的新观点是马克思主义的"异端"，应该看到它是从马列主义、毛泽东思想一脉相承下来的统一的科学体系。同时，这一在新的结合中创立的新理论，又为马克思主义增添了一系列科学的新内容，把马克思主义在中国推进到了一个新阶段。我们党强调在当代中国，只有邓小平理论而没有别的理论能够解决社会主义的前途和命运，就在于它是在新结合新飞跃中形成的科学理论，既包含了马克思主义观察问题的立场、观点、方法，又包含了符合当代中国实际和时代特征的新内容。

大考验　大发展

应该看到，在新结合、新飞跃中形成的邓小平理论这一新理论，是经过实践考验的科学理论。开国前夕，毛泽东进京时，说是"进城赶考去"。这场考试的结果，就是新中国的诞生，就是社会主义制度的建立。十一届三中全会以来二十年，对我们党、我们国家来说，又是一次大考试。这次大考试，考出了一条建设有中国特色社会主义的新道路，考出了一个当代中国的马克思主义。

二十年是一场大考试，可以说我们天天在接受考试。然而，最严峻的考试，是重大历史关头的考验。这是决定我们党、我国社会主义制度、我们民族的前途和命运的考试。二十年来，我们的党经历了这样的考验有三次。第一个重大历史关头的考验，是十一届三中全会前后，我们面临着"文化大革命"结束后，中国向何处去的严峻考验。第二次重大历史关头的考验，是80年代末、90年代初，我们面临着国际国内政治风波的严峻考验。第三次重大历史关头的考验，是世纪之交的1997年，我们面临着邓小平去世后，党和国家举什么旗、走什么路的严峻考验。现在，我们可以自豪地说，中国共产党是伟大的，我们经受住了这一场又一场的严峻考验，并在考验中创造了举世瞩目的辉煌成就，赢得了党、国家和社会主义事业的大发展。

考试、考验，就是检验，就是理论、路线、方针、政策经受实践的检验，经受人民群众的评判。一场大考试，三次严峻考验，检验出马克思主义和当代中国实践与时代特征相结合的邓小平理论，是中国社会主义建设客观规律的正确反映，是中国人民在长期社会主义实践中找到的真理。我们说要用邓小平理论武装全党，是对全党的一种政治要求。在这一根本之点上，必须同党中央保持高度的一致，这又是一条政治纪律。这种政治要求和政治纪律，是必要的、正确的。但只有当人们认识到邓小平理论是科学真理，我们高举邓小平理论伟大旗帜是在为真理而奋斗的时候，这种政治要求和政治纪律就会变成全党包括每个党员、每个干部的自觉行动、自觉追求。从十一届三中全会开始历史的转折，到十四大确立邓小平理论的指导地位，再到十五大把邓小平理论作为指导思想写入党章，反映的就是这二十年在三次严峻考验中，邓小平理论的真理性为全党所认识的历史进程。

考试、考验，实质就是怎么认识我们面临的矛盾、问题和困难。"重大历史关头"，不是大门敞开、通畅自如的门坎，而是布满荆棘险阻、我们要去攻克的关隘。这就要求我们具有高昂的精神状态、果敢的革命勇气和务实的科学态度。邓小平的非凡之处，就在于每当重大历史关头来临的时候，他能够从困难中看到希望，在挑战中看到机遇，给我们指出前进的方向。你看，在第一个重大历史关头，国民经济到了崩溃边缘，党内外政治上思想上十分混乱，拨乱反正受到严重阻碍，党的工作出现徘徊局面。与此同时，北部边境苏联陈兵百万，东亚、东南亚国家和地区经济发展迅猛，世界范围新科技革命已经兴起，对我们形成很大压力。但是，邓小平既不为困难所吓倒，也不为各种干扰所迷惑，他把国内在经济政治上面临的问题看作是深入推进拨乱反正的极好机会，认为美苏争霸对于我们是发展自己的有利时机，指出世界范围新科技革命的兴起给我们提供了有利条件。他说，我们认识到落后，就能去改变落后，就有希望。正是这种精神状态，这种科学态度，给全党指出了正确的前进方向，增强了开创社会主义建设新局面的信心。在第二个重大历史关头也是这样，当时西方的战略家预言20世纪兴起的社会主义将在20世纪灭亡，发达资本主义国家对我实施经济制裁；国内"左"和右的错误思潮相互助长，推波助澜，使得一些人对中国改革开放的前途感到担忧或困惑。但是，邓小平临危不惧，果断地处理国内政治风波，明确地宣布"三步走"发展战略和"一个中心、两个基本点"的基本路线不能变。特别是1992年南方谈话，深刻而又精辟地回答了经常困扰和束缚我们思想的许多重大认识问题，为我们坚持建设有中国特色的社会主义道路，并把改革开放和现代化建设推进到新阶段，作出了杰出贡献。在第三个重大历史关头，以江泽民同志为核心的党中央旗帜鲜明地宣布，我们将毫不动摇地高举邓小平理论伟大旗帜。党中央继承了邓小平这种观察问题、分析问题的马克思主义立场、观点、方法，坚持用宽广的眼界观察世界，以科学的态度研究问题，回答了人们在旗帜问题上，社会主义初级阶段基本制度和经济体制改革问题上，社会主义民主和法治建设问题上，社会主义精神文明建设问题上等一系列重大的理论和实践问题。特别是面对改革和发展中遇到的各种新情况、新问题，在困难中指出希望，在挑战中看到机遇，在党的十五大发表了带领各族人民迈向新世纪的行动纲领和宣言书。

考试、考验，就是要求我们解放思想，实事求是，大胆实践，大胆探索。没有新的情况、新问题，就不会有新考试、新考验。要研究新情况，解决新问题，就必须解放思想，实事求是。重大的考验，意味着我们原有的认识同新的实践发生了冲突，势必要求我们尊重实践，面对现实，解放思想，实事求是。没有这样的思想路线，就不可能解决问题，找到出路，即使找到了正确的路子，也会因偏见和习惯的束缚，难以统一认识，齐心协力去攻克难关。因此，每当重大历史关头的重大考验来临的时候，邓小平就要求全党解放思想，冲破困扰我们的思想障碍的束缚，在此基础上进一步统一全党的思想。我们党认为邓小平的《解放思想，实事求是，团结一致向前看》这篇著名讲话和1992年南方谈话，是党在两个重大历史关头发表的两次思想解放的宣言书，认为十五大在新的重大历史关头面前开始了又一次思想解放，反映的就是这样一种客观现实。我们党在新时期能够经受住三次重大历史关头的严峻考验，使我们的事业获得奇迹般的大发展，最根本的经验就是八个字：解放思想，实事求是。

必须指出的是，这样的考试、考验还没有完。十五大报告结束语中有一段十分深刻的论述："我们已经走出了一条光明大道，但前面的路并不都是平坦的，还会有各种困难和风险，包括可以预料的和难以预料的，来自国内的和来自国外的，经济生活中的和社会政治生活中的。"这一论断很快就得到了验证。在十五大召开前后，我们就经历了两大风险的考验，一是从东南亚开始的金融风险的严峻考验，一是历史罕见的南北洪水自然灾害风险的严峻考验。这两大风险的考验，我们都顶住了，引人注目。顶住风险靠什么？一靠邓小平理论的指导，二靠以江泽民同志为核心的党中央的正确领导，三靠人民群众万众一心、艰苦奋斗，四靠改革开放二十年的成就，特别是近几年中央加强宏观调控取得的成果。我们坚信，在前进的道路上，我们一定能战胜任何风险和困难，胜利地跨入21世纪。

大转折　大机遇

我们取得了巨大的成就，也面临着不少的困难。这就是事物的复杂性，这就是革命的艰巨性。当前，改革进入攻坚阶段，发展处于关键时期，各种矛盾日益显露、层出不穷。我们要在十五大精神指引下，把建设有中国特色社会主义事业全面推向21世纪，就必须保持奋发有为、坚韧不拔的精神状态，增强抵御风险的意识和能力，敢于抓住机遇，勇于开拓进取。这里，关键是我们要认识到，今天我们面临的各种问题和困难，从根本上说，来自国内和国际局势的两个大转折。

一是国内的历史大转折。它从十一届三中全会就开始了，一直要到在改革开放中基本实现社会主义现代化。这个大转折，正如邓小平说过的，马克思没有讲过，我们的前人没有做过，其他社会主义国家也没有干过，实际上中国几千年历史上也没有过。这四个"没有"，表明这是前无古人的伟大事业，表明我们开始了一个历史性的伟大转折。这种转折必然是胜利与问题、成就与困难、主流与支流相互交织、同时并存。随着改革的不断深入，历史大转折带来了事业大发展，同时，历史大转折也使社会方方面面的各种利益关系和深层次矛盾日益复杂化。你看，这几年，一方面是各种要素市场和宏观调控体系的建立，国民经济持续快速健康发展，出现了前所未有的好局面；另一方面是经济体制改革已经深入到社会主义经济自身的微观基础国有经济，涉及到国有企业职工下岗，涉及到政府机构的改革和职能的转变，涉及到改革、发展、稳定等一系列复杂问题。这是难以完全避免的。

二是世界的国际局势大转折。这种大转折，深刻地表现在和平与发展已经成为当今时代两大主题，国际格局多极化和经济全球化，科技革命突飞猛进，综合国力竞争日趋激烈等方面，这也是前无古人的大变动。这种变动的剧烈和深刻程度，必将对世界各国的发展产生深远的影响。比如，以新科技革命为先导的世界大发展，使世界瞬息万变，对我们既是机遇又是挑战。随着经济全球化的进展，各国经济联系日益密切，相互依存加深，对我们也是既有机遇又有挑战。这种局面将长期存在，而且越来越复杂。

这种大转折，作为一种社会存在，必然会反映到思想意识中来。在中国历史上，春秋战国时期的历史大转折，诸子百家争鸣。近代中国，在半殖民地半封建社会急剧变动的历史大转折时期，又是一个"诸子百家"。20世纪七八十年代以来，在世界大转折和中国历史大转折中，各家各派，各种理论，各种主张，令人目不暇接，可以说，也是"诸子百家"。与此相联系的，就是出现了世界范围各种思想文化相互激荡这样一种新情况。在冷战结束后以后，西方某些势力同中国也包括广大发展中国家，在人权观、主权观、发展观、体制观、文明观、民族观等一系列的重大意识形态方面的冲突，不是削弱了，而是加剧了，深化了。这些情况，势必会对我们产生影响，包括积极的和消极的影响，给我们的实践更增加了复杂性。

所有这些，说到底还是两个"怎么看"的问题：一个是怎么看当代世界大局和中国大局；一个是怎么看当代中国的马克思主义。这两个"怎么看"，实质上就是世界观问题，也就是立场、观点、方法问题。二十年的实践证明，邓小平理论这个当代中国的马克思主义是观察和把握当代中国大局和世界大局最锐利的思想武器。有了这个大局观、立场观，我们就能经受考验，抓住机遇，增强信心，进入新境界，开创新局面。

我们在这方面保持一种清醒的头脑是必要的、应该的。盲目自满不对，丧失信心更不对。我们要学习邓小平是怎么看问题的。1991年8月，他说过："现在世界发生大转折，就是个机遇。"1992年他还说过："不要惊慌失措，不要认为马克思主义就消失了，没用了，失败了。哪有这回事！"今天，面对跨世纪发展的关键时刻，面对还在发展的金融风波，面对经济结构调整和国有企业改革以及其他方面遇到的种种困难，我们特别需要发扬这种科学态度和精神状态。在非常关键的时候，有这种精神状态和没有这种精神状态截然不同。一个党、一个民族如此，一个单位、一个人也如此。这样做的前提就是要好好学习，尤其领导层要学习。因此，我们要进一步深入学习邓小平理论，学习邓小平理论的立场、观点、方法。而这个学习应该是理论和实际相结合的学习，应该是理论同各方面现代化实际知识和历史知识相结合的学习，应该是理论同当代的国内和国际两个大局的发展和变动相结合的学习，也就是应该提高到十五大新水平的学习。这样，我们就能清醒地看待考验，就能清醒地认识到大转折就是大机遇，就能清醒地既面对现实，不掩盖矛盾和问题，又充满信心。

历史性考验和当代中国的马克思主义

党的十一届三中全会是我国社会主义建设新时期开始的标志，也是邓小平理论开始逐步形成的标志。我们今天怎样来纪念这一光辉的日子？最重要的就是要进一步认清邓小平理论的历史地位和指导意义，进一步用邓小平理论来武装全党。这不是一句空洞的口号。理论有什么用，理论武装有什么用，学理论有什么用？归根到底，正如邓小平本人所反复强调的，是为了把握大局，指导实践。而把握大局的一个最核心的问题，就是要清醒地认识我们面临的历史性课题和历史性考验，就是要清醒地把握我们面前诸多复杂条件和发展机遇，这样才能坚定我们建设有中国特色社会主义事业的必胜信心，推进我们的伟大事业不断前进。我们学理论就是为了这个，就是大局、考验、机遇、信心这八个大字。讲世界观，世界观就在这里面；讲立场、观点、方法，立场、观点、方法也就在这里面。如果离开了大局、考验、机遇、信心，你那个世界观是空的，你那个立场、观点、方法没有用，更谈不上自觉性、坚定性。所以，回顾二十年，纪念二十年，关键是要把握大局，经受考验，抓住机遇，坚定信心。

一场大考试，
考出了一个当代中国的马克思主义

十一届三中全会之后的二十年对我们党意味着什么？从大局来看，这二十年就是一场大考试。考试的结果，考出了一个当代中国的马克思主义。

我们党是在一系列重大历史关头的考试中成长、壮大、发展起来的。当年，毛泽东从西柏坡进北京，他跟中央的几位同志说，我们进京赶考去。考的结果呢？很成功，建立了伟大的中华人民共和国，开辟了社会主义道路，十一届三中全会又是一场考试。并不因为建国后中国共产党经过了一场考试，就不需要再考了。历史的事实是，我们再来考试，这一考就考了二十年。考的结果，也很成功。出了两个伟大的成果，一个是建设有中国特色社会主义事业的伟大成就，全国公认，举世瞩目，连敌视我们的人也不能不承认；再一个就是建设有中国特色社会主义的理论——邓小平理论。这样两个伟大成果，一个实践，一个理论，互相联系，互相促进。集中起来，就是考出了一个当代中国的马克思主义。

事非经过不知难，
从二十年三大历史关头看邓小平理论的形成和发展

当代中国马克思主义是怎么考出来的？邓小平理论是怎么形

成和发展起来的？

事非经过不知难。二十年里，我们走过的是不寻常的道路，经历了三个重大历史关头的考验。

第一个重大历史关头的考验，在十一届三中全会前后。现在回过头来看，当年谈何容易？"文化大革命"十年内乱，我们最崇敬的伟大领袖毛泽东晚年犯了错误，这是出乎我们想象，我们没有精神准备的。当时国民经济几乎到了崩溃边缘，冤假错案堆积如山，政治、思想极其混乱，党和国家的各级组织遭到严重破坏，国际关系也非常紧张。这些情况能不能扭转，中国向何处去？这就是考试。这个考试，真是千头万绪，邓小平是怎么处理的？他从千头万绪中首先抓住决定性环节——重新确立解放思想、实事求是的思想路线，打破"两个凡是"，由此入手。这个气魄，这个眼光，这种马克思主义了不起的勇气和智慧，只有我们邓小平，我们这个长期用毛泽东思想武装起来的伟大的党才有。在这个问题的处理上，当时意见分歧，各种认识都有。但是邓小平掌握得多好啊！既从根本上否定了毛泽东晚年错误，又坚定地维护了毛泽东和毛泽东思想的历史地位，天下大定，在这个问题上如果处理不当，我们是要翻船的。

在正确的思想路线指引下，全党在拨乱反正中把工作重点从阶级斗争转移到经济建设上来。拨乱反正涉及方方面面，包括平反冤假错案，但最重要的，是要认识到以阶级斗争为纲不符合社会主义发展的根本要求，不符合我国的基本国情和社会主要矛盾，必须在这个最大的问题上拨乱反正。十一届三中全会的历史功绩，就是在这个问题上完成了拨乱反正的任务。在正确的思想路线指引下，全党围绕着搞清楚"什么是社会主义，怎样建设社会主义"这个首要的基本理论问题，开始了对社会主义的再认识。当年"帽子"满天飞，认为以经济建设为中心搞社会主义不是科学社会主义。但是，邓小平带领我们总结历史经验，推进改革开放，以实践为唯一标准证明那些"帽子"不是真正的马克思主义理论，我们必须重新思考，重新来回答这个历史性课题。回答的结果，集中起来，就是邓小平在十二大开幕词中指出的一个基本结论：建设有中国特色的社会主义。

在正确的思想路线指引下，全党开始了波澜壮阔的改革开放历史进程，明确了发展社会主义商品经济的改革任务。从农村起步的改革实践告诉我们，社会主义不等于计划经济，社会主义也可以发展商品经济。这就有1984年十二届三中全会通过的经济体制改革决定。邓小平说这是个好文件。在他的印象里，是写出一个政治经济学的初稿，是马克思主义基本原理同中国社会主义实践相结合的政治经济学。

在正确的思想路线指引下，全党进一步明确了我们处在社会主义初级阶段。十三大系统地论述了社会主义初级阶段的基本国情和我们面临的时代特点。在社会主义初级阶段怎么干？就是坚持"一个中心，两个基本点"这条党在社会主义初级阶段的基本路线。

我们就是在这样的理论和实践结合的基础上，形成了建设有中国特色社会主义新理论的轮廓。这一新理论，是在重大历史关头的考验中提出的，而且经受住了考验。

怎么经受住考验的？是我们在邓小平领导下，从困难中分析矛盾，在挑战中抓住机遇，在创造性的实践中干出来的。"文化大革命"不是造成很大困难吗？但邓小平讲"文化大革命"也有一"功"，"文化大革命"把错误推到极端我们就好改了，而且会促使我们相当彻底地改。这样，首要的基本理论问题就提出来了，全面改革就提出来了，这也就是机遇。从国际来说，苏联在我国北部边境陈兵百万，但同时美苏矛盾也尖锐得很，这也是机遇。邓小平在十一届三中全会后接连访美访日，就抓住了这个机遇。还有，世界范围新科技革命正在兴起。邓小平称它是一场"伟大的革命"，这种估量在他的战略全局上是很有分量的。他认为，这是个挑战，是个压力，但同时也是个机遇，不要失掉机遇。邓小平就是这样，从困难、压力、挑战中看到希望，要求我们抓住机遇，开拓进取。没有这样一种精神状态，我们怎么能闯过"文化大革命"造成的重重难关呢？真是事非经过不知难啊！

第二个重大历史关头的考验，就是20世纪80年代末、90年代初国际国内政治风波。那时有人以为，社会主义的天要黑下来；也有人对是否要继续坚持改革开放发生怀疑。但是邓小平和党中央不是这个精神状态。面对国内政治风波，邓小平告诉全党，我们提出的"一个中心，两个基本点"没有错，我们的"三部走"发展战略没有错，我们的理论、路线、方针不能变。有了这个劲头，天下大定。面对国际政治风波，邓小平说我们中国坚持走社会主义，天不会塌下来。事实上，只要我们顶得住，稳得住，继续前进，我们的战略地位就会上升。所以国际国内政治风波反映在我们邓小平和党中央头脑里面，绝不仅仅是压力，而且也包含机遇。正如邓小平所说的，世界上矛盾多得很，大得很，一些深刻的矛盾刚刚暴露出来。我们可利用的矛盾存在着，对我们有利的条件存在着，机遇存在着，问题是要善于把握。特别是他在1992年的南方谈话强调指出，要抓住机会，现在就是好机会。我们在十一届三中全会以来形成的这一套决不能动摇。当时作出这样的判断，需要多大的勇气和魄力，多深刻的思考和眼光啊！

在经受住这一重大历史关头考验的过程中，邓小平和党中央提出并坚持了一系列指导我们继续前进的科学论断。最关紧要的是这么五条：一是坚持解放思想、实事求是的思想路线，坚持"三个有利于"标准。二是在进一步搞清楚"什么是社会主义、怎样建设社会主义"的过程中，明确经济体制改革的目标是建立社会主义市场经济体制。三是把问题集中提炼到社会主义本质的高度上来，强调要在坚持社会主义基本制度基础上更好地体现社会主义的本质。四是明确指出"发展才是硬道理"，强调要在发展中突出四个"力"，这就是生产力、科技是第一生产力、综合国力和抵御、承受风险的能力。五是鲜明地指出了"现在世界发生大转折，这就是机遇"，要求我们正确对待形势，抓住机遇发展自己。这几条，表明了邓小平理论在行动中在实践中的重大新发展。

回过头来看我们是怎么闯过这第二个重大历史关头的，真是谈何容易。它完全出乎西方多少老谋深算的战略家的预料，也超乎我们自己一些同志的想象。这又是：事非经过不知难啊！

第三个重大历史关头，就是十五大前后。邓小平在1997年初去世，那么我们国家、我们党举什么旗、走什么路，就成为一

历史性考验和当代中国的马克思主义 /

061

个必须向全世界昭告的头等重大的问题。怎么答复呢？江泽民致的悼词和中央告人民书答复了，江泽民1997年5月29日在中央党校发表的重要讲话答复了，特别是十五大，我们党的最高权力机关——全国代表大会答复了。江泽民强调邓小平理论是我们的指导思想。我们继承邓小平遗志，高举邓小平理论旗帜，不管有什么议论，有什么风浪，我自岿然不动！江泽民讲的这个精神，中央政治局常委会高度一致，中央政治局高度一致，中央委员会全会高度一致，一直到党的全国代表大会高度一致，高高举起邓小平理论伟大旗帜，而且把它同马列主义、毛泽东思想一起作为党的指导思想写入党章。

经过这三个重大历史关头的考验，我们的理论和实践达到了四"新"：

一是实现了马克思主义同中国实际的新结合。我们是共产党，是马克思主义的政党，决定我们事业能否取得成就的最根本一条，就是看能不能把马克思主义同中国实际相结合，能不能经过这个结合，经受考验，抓住机遇，指导实践，取得新的胜利和发展。

二是在马克思主义同当代中国实际新结合的过程中实现了新飞跃。我们坚持解放思想、实事求是的思想路线，研究新情况，解决新问题，做出新判断，开拓了马克思主义的新境界。

三是找到了一条建设有中国特色社会主义的新道路。我们围绕搞清楚"什么是社会主义，怎样建设社会主义"这个根本问题，从我国处在社会主义初级阶段的实际出发，坚持"一个中心，两个基本点"，走出了既不同于过去的发展道路，又拒绝资产阶级自由化邪路的一条新路。

四是总起来说，创立了建设有中国特色社会主义的新理论——邓小平理论。

继往开来，
十五大对邓小平理论的认识达到了新水平

党的十五大对邓小平理论这一当代中国马克思主义的认识，达到了新的高度，新的境界。江泽民在中央党校1997年12月29日中央委员研讨班结业式上的重要讲话中指出，全党要形成学习邓小平理论的新高潮，把这一学习提高到十五大所达到的新水平。怎样理解这个"新水平"呢？它突出表现在以下八点。

第一点，十五大鲜明地举起邓小平理论旗帜，而且把它写进党章，这就是新水平的集中表现。

第二点，十五大用中华民族本世纪近一百年的全部历史巨大变化来说明我们党高举邓小平理论伟大旗帜，是从历史命运的深入思考中得出的不可动摇的结论。我们民族经过曲折的发展，经过从孙中山、毛泽东到邓小平这么长久的奋斗，到今天锻造出了一个对于中国实现社会主义现代化最新最切近最管用的理论武器——邓小平理论。

第三点，十五大又用十一届三中全会后近二十年所取得的巨大成就，进一步证明了邓小平理论是同中国改革开放和社会主义现代化建设伟大实践紧密相连的，因而已被全党和全国人民所掌握的科学理论，是体现当代中国发展新要求的科学理论。

第四点，十五大用马克思主义的宽广眼界，以马克思主义产生以来一百几十年世界发生的巨大变化为背景，有力地发扬了邓小平理论的时代精神，说明了邓小平理论是能够指引中国人民主动站到时代潮流前头的科学理论。

第五点，十五大对邓小平理论在马克思主义发展史上的地位作了进一步的阐述，明确指出邓小平理论与马列主义、毛泽东思想既一脉相承，又把马克思主义在中国发展到新阶段，是当代中国的马克思主义。

第六点，十五大从迈向新世纪的现实需要出发，运用邓小平理论的基本立场、观点、方法，回答了我国经济、政治、文化发展的一系列重大问题，提出了党在社会主义初级阶段的基本纲领，作出了一系列面向21世纪的重大决策。

第七点，十五大还特别强调邓小平理论所坚持的马克思主义学风，要求全党以科学的态度对待马列主义、毛泽东思想，以科学的态度对待邓小平理论。十五大以鲜明的语言强调指出："坚持邓小平理论、在实践中继续丰富和创造性地发展这个理论，这是党中央领导集体和全党同志的庄严历史责任。"

第八点，十五大还把学习邓小平理论提到新的高度，要求兴起一个学习马列主义、毛泽东思想特别是邓小平理论的新高潮。面对21世纪，我们党的干部的学习任务是多方面的，而最根本的是学好邓小平理论。这是关系到党和国家命运的一件大事。

以上八点，表明十五大对邓小平理论的认识达到了新高度新水平，对邓小平理论的运用达到了新高度新水平，对学习邓小平理论的要求也达到了新高度新水平。

面对21世纪新的考验，
我们要有抓住机遇、开拓进取的精神状态

十五大后一年多时间，中国人民又面对两大风险的严酷考验。一是自然灾害的风险，特大洪水；二是经济风险，亚洲金融危机。我们经受住了，这使我们在全世界产生了巨大的影响，树立了有中国特色社会主义的良好形象，振奋了中国人民的民族精神。中流砥柱，水落石出；风云变幻，岿然不动。中国为什么能够经受住如此巨大的考验和压力呢？

一是二十年改革开放和现代化建设使我们具有了相当的承受和抵御各种风险的能力。这种能力，是改革和发展成就的综合结果，是我国强大实力的集中体现。

二是中央及时采取了正确的对策和措施。面对亚洲金融风暴，党中央清醒地分析国际国内各种因素，提出了"坚定信心，心中有数，未雨绸缪，沉着应对，埋头苦干，趋利避害"的方针，采取了一系列得力措施，有力地保证了国家经济安全。面对罕见的洪灾，党中央又果断决策，精心部署，实施自渡江战役以来最大的一次兵力集结，动员组织广大干部群众，万众一心，与洪水展开气壮山河的搏斗，取得了抗洪救灾的伟大胜利。

最根本的是，我们找到了建设有中国特色社会主义道路，确定了邓小平理论的指导地位，有以江泽民同志为核心的党中央的坚强领导。实践证明，以江泽民同志为核心的党中央是具有丰富领导经验和驾驭复杂形势能力的坚强领导集体，一定能够带领我们高举邓小平理论伟大旗帜，把建设有中国特色社会主义事业全

面推向21世纪。道路、理论、党中央的坚强领导，这是我们最强大的政治优势。

当然不是说没有问题。确实有问题、有困难、有弱点，但事实已经证明并将继续证明，我们有信心有能力有办法解决问题，克服困难。比如党中央、国务院提出着力扩大内需、开发国内市场，就是一项具有重大意义的战略决策。这项战略决策的实施，肯定将把我国国民经济推上一个新的台阶，开辟一个新的阶段。

那么再想深一点，十五大后一年来的最新考验对我们有哪些启示呢？

启示之一，我们已经走上了一条光明大道，但前进道路不会都是平坦的。这是十五大报告中明确指出的。就以亚洲金融危机来说，在世纪之交，这场具有经济全球化明显特征的金融危机来得是时候！在各方面人们没有精神准备的情况下，这场危机以极大的破坏力和宰割力，把世界范围经济发展中的深层矛盾一下子揭露出来了。这就告诉人们：经济全球化这件事的作用和后果具有二重性，祸福相因。这还告诉人们：在和平和发展成为时代主题的条件下，在经济全球化和国际格局多极化的进程中，以经济和科技为主战场的综合国力的激烈较量，何等尖锐复杂！在可见的将来，这种较量将是各个国家在各自社会制度和各自进行多方面体制改革调整的基础上，在国际经济联系、合作空前深化而竞争也空前深化的条件下，涉及经济、政治、文化、军事诸因素的，综合国力的激烈较量。还必须清醒看到，这种较量，又是在西方发达国家占优势，国际政治经济旧秩序没有根本改变的条件下进行的，这就使态势变得更加复杂，曲折和风险更加难以避免。这样一场世界范围的、各国为争取在21世纪的更有利地位而展开的综合国力大竞赛，就其激烈程度和影响后果的分量而言，甚至还可以说是一场"大战争"。

启示之二，说过来说过去，问题离不开综合国力，离不开抵御和承受风险的能力。江泽民在十五届二中全会的重要讲话中精辟指出："关键的问题还在于我们自身是否具有足够的承受和抵御风险的能力。"他这样说："这次金融风波的冲击，我们顶住了，证明改革开放二十年形成的基础，使我们具有相当的承受和抵御风险的能力。但是也必须看到，我们还有许多弱点，这种能力还不够强。我们高举邓小平理论伟大旗帜越是坚定，经济越是持续发展，改革开放越是不断深化，民主法制建设、精神文明建设和反腐倡廉越是得力，这种能力就会越强。总之，坚持改革开放，继续开拓前进，不断增强承受和抵御风险的能力，我们就一定能够立于不败之地。"江泽民在这里强调提出的"承受和抵御风险的能力"，是一个关系全局的重大战略观念，是对邓小平理论的重要运用和发挥。

启示之三，我们要有一种迎接新考验的精神准备。在21世纪，我们不可避免地要面对一场新的大考试大考验。这是因为，我们面对着两个大转折：世界的大转折，还有中国本身的历史大转折。中国历史大转折，从十一届三中全会就开始了，这就是要在改革、开放中实现社会主义现代化。正如邓小平所指出的，这个大转折，马克思没有说过，前人没有做过，其他社会主义国家没有干过，实际上中国几千年历史上也没有过。"四个没有"，这件事可是前无古人！再加上世界大转折——和平和发展成为时代主题，科技革命突飞猛进，经济全球化和国际格局多极化，以及在这种新历史条件下各国综合国力的大竞赛。这也是前所未有的。那么，应当以一种什么样的精神状态，来对待这样的大转折呢？邓小平在1991年这样说过：现在世界发生大转折，就是个机遇。这是一个十分深刻的论断。江泽民进一步强调，大转折就是大机遇。这样认识问题，生动地反映了我们党把握复杂形势的充满辩证法的科学分析力，反映了马克思主义的开拓进取的精神状态。这个问题，江泽民在十五大就提出来了，他在报告一开头就强调指出："把我们的事业全面推向二十一世纪，就是要抓住机遇而不可丧失机遇，开拓进取而不可因循守旧。"随后江泽民又进一步强调指出："精神状态问题很重要，'抓住机遇而不可丧失机遇，开拓进取而不可因循守旧'，就是讲精神状态。"这就很明白，我们就是要以这样的精神状态来迎接21世纪的世界大转折和中国历史大转折。

启示之四，归根到底，还是要高举邓小平理论旗帜，坚持用邓小平理论武装全党，教育干部和群众。我们应当清醒地认识到，大转折必然反映到人们思想上来。而大转折总是会有正面、负面，主流、支流，胜利、挫折，成就、困难，这两方面又必然同时反映到人们思想上来，并在不同的人们当中引起不同的反响。至于世界范围各种精神文化力量的相互激荡，以及各种政治力量的相互较量，同样必然反映到人们思想上来，并在不同人们当中引起不同反响。问题归根到底，就是两个怎么看：怎么看当代中国和世界的发展大局，怎么看当代中国的马克思主义。这两个怎么看的问题，实质上就是世界观问题，就是立场、观点方法问题，也就是我们一开头所说的"大局、考验、机遇、信心"问题。正因为这样，理论武装工作就非常重要。

　　同志们！我们是处在伟大的时代关节。我们全党首先是各级领导干部的理论学习，应当是理论同实际相结合的学习，应当是理论同各方面现代化知识、历史知识相结合的学习，应当是理论同把握国际国内两个大局发展变动相结合的学习，应当是理论同改造客观世界和改造主观世界相结合的学习。这样，我们的学习才能不断深入，才能常学常新。以不懈的努力来推进这样的学习，就是我们对十一届三中全会二十周年的一个最好的纪念。

历史性考验和当代中国的马克思主义 ／

战略思维与学习任务

历史和现实都表明，一个政党，一个国家，能不能不断培养出优秀的领导人才，在很大程度上决定着这个政党、这个国家的兴衰存亡。中国的社会主义事业能不能巩固和发展下去，中国能不能在未来激烈的国际竞争中始终强盛不衰，关键就要看我们党能不能不断培养造就一大批高素质的领导人才。这是江泽民在全国党校工作会议上，作出的一个关系全局的重大论断。他尤其希望新一代政治家具有善于从实际出发，不断研究解决改革、发展、稳定中重大问题的战略思维能力。

这就决定了面向21世纪的党校，要进行改革，要形成新的教学布局。党中央在2000年10号文件即《关于面向21世纪加强和改进党校的决定》中，明确地把"战略思维"同"理论基础""世界眼光""党性修养"共同列为党校的教育课程。这可是党校发展史上的一件大事啊！

再深入地思考一下，江泽民和党中央为什么要把培养干部的战略思维能力作为如此重大的问题提出来呢？从根本上说，是因为我们的理论学习不应是经院式的，而应是紧密结合实际主要是当前实际的，我们理所当然地要把从战略高度思考重大现实问题，作为一个极重要方面提到突出地位上来。这就是：在系统学习马列主义、毛泽东思想特别是邓小平理论的基础上，更加自觉地把理论学习同正确认识、掌握改革开放和社会主义现代化建设的基本经验相结合，同认真研究分析我们面临的新形势以及为开创改革和建设新局面所必须采取的重大战略部署相结合，还要同对21世纪世界范围经济、政治、文化发展趋势的把握相结合。

按照这样的观点思考问题，那就应当说，十一届三中全会以来二十年的伟大实践，包括江泽民关于中央政治局常委"三讲"情况的重要讲话所总结的十三届四中全会以来十年的伟大实践，也包括十五大以来两年半的最新实践。实质上正是我们大家都参加了并从中深受教益的，极为生动丰富的理论大课、战略大课和党性大课。只要我们认真地加以消化和吸收，那就一定能够使我们对邓小平理论和十五大精神的理解不断深化，在政治上更加自觉地同以江泽民同志为核心的党中央保持高度一致，为我们在面向21世纪新的更加复杂的斗争中能够从容应对、掌握主动，大大增强新的精神武装。

对当前国际国内重大现实问题上从政治上进行战略思考，作出自己的回答，从一定意义上说，这本身就是理论的一种应用。毛泽东在延安整风报告中就是这样讲的："如果你能够应用马克思列宁主义的观点，说明一个两个实际问题，那就要受到称赞，就算有了几分成绩，被你说明的东西越多，越普遍，越深刻，你的成绩就越大。"毛泽东这段话，是大家都熟知的。紧接着毛泽东又讲："现在我们党校也要定这个规矩，看一个学生学了马克思列宁主义以后怎样看中国问题，有看得清楚的，有看不清楚的，有会看的，有不会看的，这样来分优劣，分好坏。"毛泽东在这里，首先是要求我们把说明实际问题作为学习理论的根本着眼点。不然的话，岂不是成了经院式的？原著读得再多也没有用！

与此同时，毛泽东在这里又强调了在说明实际问题时，一定要"应用马克思列宁主义的观点"，而不是就事论事，更不是忽视以至丢掉理论。

所以，"战略思维"同"理论武装"是不可分开的，"战略思维"本身就是理论的一种应用。而且理论学得有无成绩和成绩大小，还要由此"分优劣、分好坏"。这可是毛泽东在延安整风中明确强调的，我们党校也要定的"规矩"。我们应当记住毛泽东的话。

至于说究竟什么叫"战略思维"，这个问题，马克思主义老祖宗从多方面涉及到，并且作过许多精辟论述。其中讲得最为明白透彻，而且同中国共产党人的认识方法、工作方法结合得最为紧密实际的，还得数毛泽东的《中国革命战争的战略问题》这部著作。正是这部著作，经过历史的检验，已经成为我们党军事战略学说的奠基著作之一、政治战略学说的奠基著作之一，还可以说，已经成为中国共产党贡献于整个马克思主义运动的关于革命战略问题的经典性著作之一。

在这部著作当中，毛泽东明确提出了关于战略问题的以下几层相互联系的基本概念。第一层概念，是带总的，就是"研究带全局性的战争指导规律，是战略学的任务。研究带局部性战争指导规律，是战役学和战术学的任务。"这条基本规定，一下子就把问题的范围明确界定了。第二层概念，是从全局和局部的关系明确指出，"懂得了全局性的东西，就更会使用局部性的东西，因为局部性的东西是隶属于全局性的东西的"。这样又把全局和局部这两个不同范围的认识，辩证地连接到一起了。第三层概念，是从全局和局部的关系的另一侧面，指山"全局性的东西，不能脱离局部而独立，全局是由它的一切局部构成的"，并且由此进一步提出要注意区分两类局部——"对于全局有决定意义的"局部和"不是有决定意义的"局部。第四层概念，是从认识方法和工作方法的重心上，强调指出："总之，一个原则，就是注意于那些有关全局的重要的关节"，要求"指挥全局的人"以至"任何一级的首长，都一定要把自己的注意力摆在照顾战争的全局上面"，"把自己注意的重心，放在那些对他所指挥的全局来说最重要、最有决定意义的问题或者动作上。而不应放在其它问题和动作上"。第五层概念，是向全党首先是各级领导干部郑重地提出了学习和研究战略问题的任务。强调指出"学习战争全局的指导规律，是要用心去想一想才行的。因为这种全局性的东西。眼睛看不见，只能用心思去想一想才能懂得"，从而才能"把战争或作战的一切重要的问题，都提到较高的原则上去解决。达到这个目的，就是研究战略问题的任务"。

仅从以上这几层很不完全的概述，我们就可以体会到，毛泽东在《中国革命战争的战略问题》这部著作中，确实是从根本上、也就是从认识论和方法论上明确回答了，究竟什么是中国共产党人所必须具备的"战略头脑"，以及中国共产党人应当怎样学习和掌握这样的"战略头脑"。从1936年到现在这六十几年当中，毛泽东的论述真正是深入了几代中国共产党人特别是各级领导干部的心，以至形成中国共产党人所特有的思维方式和语言表达方式。

我们党在坚持和发展毛泽东战略思想的过程中最有成就的要算邓小平。邓小平理论一个很突出很鲜明的特点，就是注意全局。1993年《邓小平文选》第三卷编辑工作就要完成的时候，邓小平这样说过："不管是对现代还是对未来，我在这里都不是从小的角度讲的，而是从大局来讲的。"邓小平的这段话，不仅是他作为作者，对《邓小平文选》第三卷的一个集中评价，而且是他作为伟大马克思主义者的一条毕生经验之谈，是他本人全部实践和理论活动最鲜明特点的一个重要概括。

事情就是这样。十一届三中全会以来"一个中心、两个基本点"的基本路线的制订和坚持，各条战线同经济建设这个中心之间关系的把握，改革、发展、稳定的结合，以及国际与国内大局的配合，等等，都离不开邓小平反复强调的毫不动摇地贯彻落实大局观念这一条。

而且，大局角度也就是政治角度。邓小平这样说："经济问题我是外行，也讲了一些话，都是从政治角度讲的。"这里说的"政治角度"，同我们前面引述他所说的从"大局"而不是从小的角度，显然是一回事。讲政治就要讲大局，讲大局才能讲政治。

邓小平理论在战略思想方面的又一个很突出很鲜明的特点，就是把大局观念同抓住机遇，二者紧密结合起来。通观《邓小平文选》第二卷、第三卷，就是如此。尤其是1990年到1992年这两年多、不到三年时间里，也就是《邓小平文选》第三卷的最后部分，更为明显。这一段时间总共收进8篇，其中7篇都直接讲到机遇，最后一篇即1992年的南方谈话尤其突出。

我这里仅举三条。第一条，1990年3月，邓小平这样说："要实现适当的发展速度，不能只在眼前的事务里打圈子，要用宏观战略的眼光分析问题，拿出具体措施，机会要抓住，决策要及时、要研究一下哪些地方条件更好，可以更广大地开源"。你看，强调"要用宏观的战略眼光分析问题"，同时又要求抓住机会，及时决策。

就在同一篇谈话里，邓小平还说，对国际形势，"不能看成一片漆黑，不能以为形势恶化到多么严重的地步，不能把我们说成处在多么不利的地位，实际上情况并不尽然。世界上矛盾多得很，大得很，一些深刻的矛盾刚刚暴露出来，我们可利用的矛盾存在着，对我们有利的条件存在着，机遇存在着，问题是要善于把握"。联系到当时国际国内形势和党内外的实际思想状况，这些话真正是切中要害！邓小平就是这样把握大局，这样抓住机遇，这样从战略高度使把握大局同抓住机遇紧紧结合到一起。

第二条，1991年8月，邓小平突出讲了两个"难得"：一个是"人才难得"，还有一个就是"机会难得"。他在这里讲到一个极关重要的战略观念："现在世界发生大转折，这就是机遇"。"我们不抓住机会使经济上一个台阶，别人会跳得比我们快得多，我们就落在后面了。要研究一下，我总觉得有这么一个问题。机会难得呀！"

第三条，1992年1、2月，邓小平在南方谈话中对抓住机遇问题讲得更加系统和深刻，而且更为展开了。他从历史讲起，他说不搞争论，"不争论就是争取时间干，一争论就复杂了，把时间争掉了，什么也干不成。"所以不争论也是同抓住机遇联系在一起的。这本身就是一条重要的战略思想。他又说，要"抓住时机、发展自己，关键是发展经济"，"要抓住机会，现在就是好机会。我就担心丧失机会。不抓呀，看到的机会就丢掉了，时间一晃就过去了"。那么，经济怎么发展，怎么抓住机会？他接着就讲了上台阶问题，上台阶就是抓住机遇。他说，"总是要在某一个阶段抓住时机，加速搞几年，发现问题及时加以治理、尔后继续前进"。他还由此提炼出一条重大原理："发展是硬道理，这个问题要搞清楚。如果分析不当，造成误解，就会变得谨小慎微，不解放思想，不敢放开手脚，结果是丧失时机，逆水行舟、不进则退"。这里多么鲜明地把从大局观察问题到各项具体方针政策的把握，同抓住时机这个战略观念紧紧联系在一起了！

南方谈话结尾，邓小平这样说："我们要在建设有中国特色的社会主义道路上继续前进。资本主义发展几百年了，我们干社会主义才多长时间！何况我们自己还耽误了二十年。如果从建国起，用一百年时间把我国建设成中等水平的发达国家，那就很了不起！从现在起到下世纪中叶，将是很要紧的时期，我们要埋头苦干。我们肩膀上的担子重，责任大啊！"这段话大家都很熟悉。邓小平在这里实际上是把抓住机遇的思想，贯穿到观察当代中国从建国起到建设成中等水平的发达国家这一百年，这样一个大的战略机遇上面来了。

综合起来看，把握大局、抓住机遇，这两条是邓小平理论在战略思想方面极为突出和鲜明的特点。

十三届四中全会到今天，整十年新的伟大实践，体现了我们党在战略思想方面的不断深化和展开，这在江泽民关于中央政治局常委"三讲"情况的重要讲话中，得到了集中的体现和精辟的总结。尤其是讲话中提出的七个"抓紧"、三个"着眼于"，要求我们全党特别是领导层对"大事、要事"必须思考和抓紧而不要贻误大局和时机；要求我们对今后我国改革、发展、稳定的全局性战略性问题，特别是一些新问题（包括国有企业改革和经济结构调整，科教兴国和可持续发展，西部大开发，等等），要加紧研究并拿出战略思路来；要求我们在巩固前一段"三讲"教育已经取得成果的基础上，把总结过去、规划未来的工作提高到一个新的水平，所有这一切，毫无疑问，同时也是对我们党校提出的新的更高的要求，我们应当努力。

对重大现实问题进行战略思考，实质上是同我们理论武装紧密地联系在一起的，是同我们的世界眼光紧密地联系在一起的，是同我们的马克思主义立场、观点、方法紧密地联系在一起的，也是同我们在政治上同党中央保持高度一致紧密地联系在一起的，归根到底，这也是同增强党性的要求紧密地联系在一起的。请试想一下，如果在复杂形势面前看不清全局，看不出可以抓住的矛盾，看不到应当抓住的机遇并有所作为，而是萎靡不振，悲观失望，甚至迷失方向，那还谈得到什么马克思主义，什么同中央保持高度一致，什么坚强党性啊？

中央党校为了帮助我们的领导干部研究"战略思维"，准备有计划地开设"战略思维"的课程。这个课程实际上包括四项：

第一，要把毛泽东、邓小平、江泽民和党中央的有关论述认真集纳起来，这是基本的教材。第二，要根据中央提出的七个"抓紧"，选定若干专题，认真开展不同范围的，敞开思想、生动活泼的研讨。第三，还打算编写一本以"当代中国若干重大战略问题"为题的系统辅助材料。这个材料，不是聚集若干位教授写点个人体会，而是要以中央的战略思想和战略部署为框架，分专题集中概述中央的有关重大方针、政策和战略部署，并在框架基本稳定的基础上一年修订一次，以便把中央有关的新的精神及时整理进来。第四，还需要在信息提供方面作进一步努力，这也是十分重要的。在我看来，战略研究离不开理论、信息、谋略，这三者，也可以叫作战略研究的三大要素吧。

邓小平开创
中国特色社会主义事业的历史贡献

在纪念邓小平诞辰100周年之际，面对着21世纪复杂变幻的国际形势和党所承担的历史使命，我们更加怀念邓小平为我们党、我们民族和我国人民所作出的业绩和贡献，尤其是他为开创中国特色社会主义事业所作出的业绩和贡献，并从他留给我们的极为宝贵的精神财富中汲取继续开拓前进的智慧和力量。

社会主义新时期的两大历史贡献

邓小平作为一个伟大的马克思主义者、杰出的无产阶级革命家，他传奇的一生可以分为两大段：第一段，积极投身中国革命的洪流，成为以毛泽东为核心的第一代中央领导集体的重要成员，为新中国的诞生和社会主义制度的建立，作出了不可磨灭的业绩；第二段，作为第二代中央领导集体的核心，为中国特色社会主义事业的开创，作出了马克思主义发展历史上前所未有的不可磨灭的业绩。

20世纪70年代末，年逾70的邓小平成为党的第二代中央领导集体的核心时，中国社会发展正处在一个重要历史关头。正如江泽民在毛泽东诞辰100周年纪念大会上的讲话中所说，"历史把两个相互联系的重大课题摆在中国共产党人的面前。这就是：如何评价毛泽东和毛泽东思想的历史地位，如何根据国际国内条件的变化和正反两方面的历史经验确立中国社会主义现代化建设的正确道路"。邓小平以马克思主义的革命胆略和政治智慧，领导拨乱反正，推动改革开放，对这两个历史课题做出了科学的回答，从而在社会主义新时期，为中国共产党、中华民族和中国人民作出了新的彪炳史册的两大历史性贡献。

这两大历史性贡献，一个承前，一个启后；一个继往，一个开来。

第一大历史性贡献是，他领导全党正确总结新中国成立以来的历史经验，科学评价毛泽东的历史地位和毛泽东思想的指导意义。面对拨乱反正、纠正"左"的错误过程中出现的一股否定毛泽东和毛泽东思想的错误思潮，邓小平以实事求是的科学态度和战略家的远见卓识，把毛泽东晚年的错误同经过实践检验证明是正确的作为科学体系的毛泽东思想区别开来，既反对了那种因为毛泽东犯了错误就企图否定毛泽东的历史地位和毛泽东思想指导作用的右的错误倾向，又反对了那种不能实事求是地承认毛泽东晚年犯了错误并且企图继续坚持这种错误的"左"的错误倾向。

现在回过头来看，再联系世界社会主义运动在这方面的严重教训，这是多么了不起的贡献！

第二大历史性贡献是，他领导全党和全国各族人民成功地找到了在中国建设社会主义的正确道路，创立了中国特色社会主义理论。随着拨乱反正的深入开展和对新中国成立以来历史经验的深刻总结，以及对世界社会主义运动历史教训的深刻思考，邓小平在毛泽东开创性探索的基础上，着眼于对时代、形势发展的新认识，把社会主义本质与社会主义建设的具体做法、社会主义基本制度与社会主义各方面的体制区分开来，在强调要毫不动摇地坚持以经济建设为中心的同时，一方面旗帜鲜明地坚持四项基本原则，一方面作出了改革开放的战略决策，从而制定了党在社会主义初级阶段的基本路线，在新的历史条件下拓展了马克思主义的新视野，开创了中国特色社会主义新道路。

想想我们在社会主义建设中经历过的艰辛探索，再联系社会主义在一些国家发生的严重曲折，这又是多么了不起的贡献！

开创中国特色社会主义新道路

那么，邓小平是怎样带领全党和全国人民在新时期成功开辟中国特色社会主义新道路的呢？

对这个问题，这里不打算作历史过程的具体回溯，只想着重从战略思维最重大特点方面来领会。邓小平战略思维的最重大特点，如果用几句话来概括，那就是：解放思想，实事求是，把握大局，抓住机遇，发展自己，振兴中华。

包含以下四个要点。

第一个要点，每当重大历史关头，首先着力解决的总是党的思想路线问题，而在解决思想路线问题进程中又总是紧紧抓住"什么是社会主义、怎样建设社会主义"这个首要的基本问题。

在中国这样一个经济文化落后的国家建设社会主义，本来就不是一件容易的事情；要从根本上变革我们党在执政后亲手建立的高度集中的计划经济旧体制，更是阻力重重。因此，从拨乱反正到改革开放的各个重大历史关头，邓小平总是引导全党高高举起解放思想、实事求是的旗帜，破除各种思想障碍。

回顾十一届三中全会以来的发展历程，邓小平1978年那篇《解放思想，实事求是，团结一致向前看》的重要讲话，就是在"文化大革命"结束以后，中国面临向何处去的重大历史关头，首先冲破"两个凡是"的禁锢，开辟新时期新道路、开创中国特色社会主义新理论的宣言书。1992年邓小平发表的南方谈话，则是在国内外政治风波严峻考验的又一重大历史关头，坚持十一届三中全会以来的理论和路线，深刻回答长期束缚人们思想的许多重大认识问题，把改革开放和现代化建设推进到新阶段的又一个解放思想、实事求是的宣言书。

还需要特别加以强调的是，邓小平领导我们解放思想，一开始就抓住了什么是社会主义、怎样建设社会主义这个关系我们事业前途命运的首要基本问题。他尖锐指出："不解放思想不行，甚至于包括什么叫社会主义这个问题也要解放思想。"这在马克思主义发展历史上是破天荒第一次提出的问题。对于这个问题的答案，也是第一次提出的科学结论，这就是邓小平在1982年党的十二大开幕词中郑重向全世界宣告的："走自己的路，建设有中国特色的社会主义。"这个论断，既是对我国社会主义建设历史经验的深刻总结，又为十二大所启动的全面改革指出了明确方向，标志着全党的实践和理论更加自觉地集中到一个全新的科学的主题上来。

记得邓小平在主持编定《邓小平文选》第三卷的时候，亲自确定把十二大开幕词从邓选第二卷中移过来，作为第三卷的开卷篇，又亲自确定把1992年南方谈话作为第三卷的终卷篇。这一头一尾的确定，非同寻常，应当说是表达了邓小平本人对邓选第三卷的历史定位和历史评价。邓小平本人最为重视，并以89岁高龄亲自下功夫主持编定的《邓小平文选》第三卷所反映的，正是他在领导我们党全面开创中国特色社会主义事业新局面的阶段上，坚持解放思想、实事求是的思想路线，锲而不舍地进行理论和战略思考的最新发展和最新成果。

邓小平就是这样，突出一条：一切从实际出发，当"实事求是派"，并且提到思想路线的高度，带领我们打破习惯势力和主观偏见的束缚，这样才有可能高屋建瓴、势如破竹、承前启后、继往开来，从而为开创新道路打下了根本性的思想基础，准备了根本性的精神条件。

第二个要点，思想路线问题能否真正解决得好和落实得好的关键，是能否把握大局。

我们讲要解放思想、实事求是，我们讲要解决好认识和实践的首要基本问题，但是我们面对的实际千头万绪、有大有小，大到时代、国情，小到各种各样具体情况，怎样才叫作从实际出发呢？邓小平为我们作出了光辉的典范。我们都知道一个故事。当年出了一个"傻子瓜子",党内外议论纷纷,似乎改革开放走偏了方向。但是邓小平怎么观察和处理这件事的呢?他说:"我的意见是放两年再看。那个能影响到我们的大局吗?如果你一动,群众就说政策变了,人心就不安了。"我们研究邓小平进行理论和战略思考的历史进程,可以领会:他最注重把握大局,也最善于把握大局,而这才叫作真正是从根本上实事求是。

在1993年7月7日,编辑《邓小平文选》第三卷正在进行时,邓小平意味深长地说过一段话:"不管对现在还是对未来,我讲的东西都不是从小角度讲的,而是从大局讲的。"我们领会,他的这段话,不仅是作者本人从战略思维和精神境界的高度,对邓选第三卷的重要评价,而且应当说,这实际上也正是他带领全党打开新道路的思维方式和精神境界的又一个提炼和概括。只有从大局出发而不是从"小角度",不拘泥于细枝末节,才能够从千头万绪、纷繁复杂的现象当中,真正有眼光、有勇气把握我们解决思想路线和理论战略问题所绝对不可或缺的事实基础,真正是从根本上实事求是。

什么样的大局呢?"两个大局",国际大局和国内大局。把对国际大局的观察同对国内大局的观察密切联系起来,是邓小平战略思维的一个重大特点。他从国际大局的分析出发,得出了和平与发展是当今世界真正大的带全球性的战略问题即时代主题的极重大判断。他的时代主题论和对外开放论,从一个重要方面打开了社会主义的新视野,结果不仅持续地推进了对外开放,而且持续地推进了对内改革。他从国内大局的分析出发,得出了我国处在社会主义初级阶段和改革开放、集中力量搞现代化建设的极重大判断。他的社会主义本质论、社会主义初级阶段论和社会主义市场经济论，构成了中国特色社会主义理论的三大基石。

正是在对国际国内两个大局及其相互联系的准确把握的基础上，邓小平大大深化了对社会主义的科学理解。他的有关大量论述，构成了具有丰富内容的科学体系；而他关于中国社会主义的一个最集中、最精辟、最重大的概括则是："我们搞的是有中国特色的社会主义，是不断发展社会生产力的社会主义，是主张和平的社会主义"。

他的这一概括，把对内根本战略（不断发展社会生产力）同对外根本战略（主张和平）联系起来，贯通起来，并且集中到社会主义的高度和发展道路的高度。这样，有中国特色社会主义的道路，同时也就是有中国特色的维护世界和平、坚持不断发展的道路，实际上已经明白点出了。

第三个要点，解放思想、把握大局的结果，是"两个大大深化"，即在大大深化对社会主义的科学理解的同时，还要大大深化抓住机遇的战略观念。

在邓小平看来，把握大局，是为了认识机遇，抓住机遇。只有在把握大局的基础上，进而抓住机遇，才能为我们党确定一套顺应时代潮流、符合中国国情、有利于民族振兴的国家发展战略。不然的话，讲大局而不落实到抓机遇，仍然只能陷入空谈。

这个问题，在邓小平战略思维当中占有何等突出的位置，从《邓小平文选》第三卷和《邓小平年谱》的最后部分中也可以看得十分明白。特别是1990年到1994年这四年多时间里，更为明显。我们都很清楚，这一段时间正是国内外政治风波和西方七国联手制裁我们的严峻困难时刻，而邓小平在这段时间的谈话中，十几次直接讲到机遇。

比如说，1990年3月，邓小平面对国内外政治风波和西方七国联手制裁我们的严峻形势，坦然而又深刻地指出：对国际形势，"不能看成一片漆黑，不能认为形势恶化到多么严重的地步，不能把我们说成是处在多么不利的地位。实际上情况并不尽然。世界上矛盾多得很，大得很，一些深刻的矛盾刚刚暴露出来。我们可利用的矛盾存在着，对我们有利的条件存在着，机遇存在着，问题是要善于把握。"

比如说，1991年8月，邓小平突出讲了两个"难得"；一个是"人才难得"，另一个就是"机会难得"。他在这里作了又一个极重大判断："现在世界发生大转折，就是个机遇。"他还进一步联系国际竞争环境，强调指出了迅猛发展的紧迫性："我们不抓住机会使经济上一个台阶，别人会跳得比我们快得多，我们就落在后面了。要研究一下，我总觉得有这么一个问题。机会难得呀！"

到了1992年1、2月，邓小平在南方谈话中对机遇问题特别是"担心丧失机会"的问题，就讲得更加系统、警醒和深刻了。他还特别提示："不搞争论，是我的一个发明。不搞争论，是为了争取时间干。一争论就复杂了，把时间都争掉了，什么也干不成。"所以不争论也是同抓住机遇联系在一起的，这本身就是一条重要的战略思维。他又说，要"抓住时机，发展自己，关键是发展经济"，"要抓住机会，现在就是好机会。我就担心丧失机会。不抓呀，看到的机会就丢掉了，时间一晃就过去了"。那么，怎么抓住机会？他接着就讲了"上台阶"问题，认为："总是要在某一个阶段，抓住时机，加速搞几年，发现问题及时加以治理，尔后继续前进。"他还由此提炼出一条极重大原理："发展才是硬道理"。

在那以后，他在同上海、江苏、浙江同志的谈话中还进一步强调："对中国来说，大发展的机遇并不多。""从现在开始到2010年是难得的机会，不要丧失了。""现在是机会啊，这个机会很难得呀！中国人这种机会有过多次，但是错过了一些，很可惜！你们要很好抓住。"

联系到20世纪90年代以来党中央所采取的一系列重大举措，以及由此而产生的扭转局势和推进发展的巨大成效，可以更深切地体会到，邓小平这样把握大局，这样抓住机遇，具有何等重大的现实和长远的战略意义！也正因为这样，中国特色社会主义的战略道路和伟大事业才能够打破国际敌对势力的预期，以新的姿态和新的光彩进入21世纪。

第四个要点，邓小平的全部思考和结论，贯穿着一个核心思想，就是要在世界发生大转折的风云变幻形势下，在20世纪最后20年加上21世纪前50年，共70年时间内，集中力量办好中国自己的事，使中国迅猛发展起来，由政治大国发展到经济大国，实现中华民族在社会主义基础上的伟大复兴。

面对西方国家的制裁、国际敌对势力的颠覆图谋和关于中国行将崩溃的种种论调，邓小平这样回答："中国是垮不了的，而且还要更加发展起来。""中国不要贬低自己，怎么样也算一极。"尤其值得注意的是，他还在1990年4月，在同外宾谈到怎样振兴中华民族时鲜明指出："中华人民共和国在不长的时间内将会成为一个经济大国，现在已经是政治大国了。"这就是说，中国的发展，实质上就是要在"不长的时间内"，由政治大国到经济大国的迅猛发展。这是毋庸讳言的，是任何力量也阻挡不了的。

面对着国际上关于中国"好战"的舆论，邓小平这样回答："从政治角度说，我可以明确地肯定地讲一个观点，中国现在是维护世界和平和稳定的力量，不是破坏力量。中国发展得越强大，世界和平越靠得住。"这就是说，中国由政治大国到经济大国的发展，是"维护世界和平和稳定的力量"而不是"破坏力量"的发展。他用这样"两种力量"的尖锐对比，鲜明指出了中国所走的发展道路，是一条同历来种种"破坏力量"完全不同的，和平发展的道路。

由此可见，邓小平从对国际国内两个大局及其相互联系的深入思考中，为我们民族振兴和国家强大而规划和开创的道路，确实是一条全新的战略道路。

他在社会主义新时期的两大历史性贡献，归结到一点，就是在坚持和发展毛泽东思想的基础上创立邓小平理论，开辟了这样一条中国特色社会主义道路，也即是一条和平发展道路。

那么，长期以来我们说邓小平开创的是一条中国特色社会主义道路，为什么今天还要提"中国和平发展道路"呢？这是因为，中国在25年改革开放中迅猛发展起来的事实和中国的发展道路、发展模式，以及中国发展同世界发展在资源、环境等方面的关系在国际上备受关注，"中国发展"已经成为一个热门话题。与此相伴生，国际上也出现了两种敌视中国的舆论：一曰"中国威胁论"，二曰"中国崩溃论"，且均有一定市场。针对这种情况，我们需要的是，进一步领会、运用和发挥邓小平的社会主义观念和战略思维，把国际国内两个大局更好地联系起来，把对内对外两方面战略方针更好地结合起来，并且依据25年来的成功实践，从"发展道路"的高度，以中国在发展进程中始终坚持和平来回答"中国威胁论"，又以中国在坚持和平中一定能够实现发展来回答"中国崩溃论"。

这样来领会、运用和发挥邓小平的社会主义观念和战略思维，那么和平发展道路，就是和平地实现从政治大国到经济大国的发展道路，就是和平地实现社会主义现代化的发展道路。

正因为这样，"中国和平发展道路"，就成为进入21世纪前期的新形势下，从中国发展目标和国家战略的角度，又从中国发展对世界的影响和对世界采取什么态度的角度，对"中国特色社会主义道路"所作的一个内涵挖掘，一个进一步影响国际舆论的有力表述。

正如胡锦涛在中央政治局第十次集体学习时所强调的："要正确把握时代发展的趋势，努力从国际国内形势的相互联系中把握发展机遇，从国际国内条件的相互转化中用好发展机遇，从国际国内资源的优势互补中创造发展条件，从国际国内因素的综合作用中掌握发展全局"。在此基础上，他多次明确指出，坚持中国特色社会主义道路，就要"坚持走和平发展的道路"。

我们领会，面对21世纪上半叶的形势和任务，更加明确地提出这样一条和平发展道路，并以中国25年成功实践，及今后善处各方面问题的清醒方针昭告于世，从而更高地举起和平、发展、合作的旗帜，有利于把建设中国特色社会主义的对内方面同对外方面更加鲜明地统一起来，把不断发展社会生产力的社会主义同主张和平的社会主义更加鲜明地统一起来，把韬光养晦同有所作为更加鲜明地统一起来。

值此国际风云变幻，单边主义、霸权主义及恐怖主义盛行之际，值此各大国均在重新给自己定位并为此而寻找各自理论根据之际，值此国际秩序之争成为国际斗争一大焦点之际，我们这样做，更加符合我们的国家利益，更能坚持我们的社会主义道路，并且使我们的路子越走越宽广。这对于回击"中国威胁论"和"中国崩溃论"，对于抓住新的战略机遇期，争取更多朋友和同情者，化解种种阻力、干扰，应对种种可以预料和难以预料的风险和挑战，极为有益，而绝非有害。

总之，按照邓小平的社会主义观念和战略思维，我们领会，"和平发展道路"，这正是从邓小平理论到"三个代表"重要思想所坚持和发展的中国特色社会主义的，一个极重要的"中国特色"！实践已经证明并将继续证明，及时而鲜明地提出"中国和平发展道路"，赢得了在这个当代中国与当今世界双向互动过程中的一个极重大、极敏感问题上足以影响世界舆论的"话语权"。从根本上说，这也是邓小平理论强大活力的一个生动体现。

编写《邓小平文选》第三卷的一点回忆

在纪念邓小平百年诞辰的日子里，我深情地想起在小平同志指导下编《邓小平文选》（以下简称邓选）第三卷的情景。

有幸直接参加这项工作，回忆起来确实有特殊的亲切感。很兴奋，又很严肃，富有教益。虽然已经过去了11年，却仍然新鲜如昨。

我这里只就小平同志本人是怎样评价邓选第三卷的，作一点回忆。小平同志自己的评价，就体现在他指导编邓选第三卷时说过的许多意见当中。这些意见言简意赅，但是涉及总体评价，寓意深刻，对深入把握邓选第三卷具有重要意义，使我深受教育。仅举三例。

头一个例子，关于邓选第三卷的开卷篇和终卷篇的确定。党的十二大开幕词第一次向全世界郑重宣告，"走自己的路，建设有中国特色的社会主义"。小平同志同意把这一篇移过来，作为第三卷的开卷篇，这实质上是鲜明地提示了第三卷的特殊重要性，就在于这一卷所反映的，是在我们党全面开创建设有中国特色社会主义事业的新局面的阶段上，小平同志的理论和战略思考的最新发展和最新成果。至于第三卷的终卷篇确定为南方谈话，也有重要涵义。这篇谈话，是在国际国内政治风波严峻考验的重大历史关头，坚持十一届三中全会以来的理论和路线，深刻回答了长期束缚人们思想的许多重大认识问题。正如十五大所指出，南方谈话，是继小平同志1978年所作的《解放思想，实事求是，团结一致向前看》的讲话之后，把改革开放和现代化建设推到新阶段的又一个解放思想、实事求是的宣言书。实际上，小平同志在南方谈话之后还曾有几次重要谈话并已公开报道，这个情况我们向他报告了，但他经过考虑，还是确定："编到南方谈话为止"，并且说："这样好，段落比较清楚"。所以，第三卷的这一头一尾的确定，非同寻常，应当说是表达了小平同志本人对第三卷的历史定位和历史评价。

第二个例子，小平同志说，在邓选第三卷里，"不管对现在还是对未来，我讲的东西都不是从小的角度讲的，而是从大局讲的"。小平同志这段话，实质上可以说是从战略思维和精神境界的高度，对邓选第三卷的重要评价。通观第三卷，小平同志反复强调一定要着眼大局。什么大局呢？两个大局：国际大局和国内大局。从国际大局的分析，得出了和平和发展是当代世界真正大的带全球性的战略问题。从国内大局的分析，得出了我国处在社会主义初级阶段和改革开放、集中力量搞现代化建设的道路。这两方面的分析当然又是联系在一起的。正是在关于这两个大局的分析的基础上，小平同志大大深化了关于抓住机遇的战略思想，大大深化了对社会主义的科学理解。鲜明指出中国特色的社会主义，是不断发展生产力的社会主义，又是主张和平的社会主义。鲜明指出中国现在是维护世界和平和稳定的力量，不是破坏力量，中国越强大，世界和平越靠得住。并且在1990年4月同外宾谈话时鲜明指出，我们要利用机遇把中国发展起来，中华人民共和国在不长的时间内将会成为一个经济大国，现在已经是一个政治大国了。可见这个大局观念，贯穿理论和战略，贯穿对内和对外，贯穿对现在和对未来，真正是贯穿全篇啊！

我还有这样一点体会，小平同志关于不是从小的角度而是从大局着眼的提示，实际上是他毕生立身行事和精神境界的一个提炼和概括，一个极朴实极深刻极富有教育意义的提炼和概括。

第三个例子，小平同志还说，邓选第三卷，"教育人民，正好用得着"，"这实际上是个政治交代的东西"，"就是要坚持不能改变这条路线"。我们大家都会清楚理解，小平同志之所以如此重视第三卷，中心意思就在这里。

在小平同志指导下编邓选第三卷的亲历，还使我想到，像小平同志这样一位代表了时代的伟大人物，以89岁的高龄，在伏暑盛夏的时节，亲身投入编审工作，而且抓得那样紧，那样细致，终于完成了一部具有重大现实和长远的战略意义的理论著作，把它作为"政治交代"献给党，献给祖国和人民。这种情形，古往今来，恐怕也是罕见的吧！

决定全局的一项重大战略课题

　　党的十六届四中全会是我们党历史上第一次专题研究执政能力建设的重要会议，全会作出的《中共中央关于加强党的执政能力建设的决定》（以下简称《决定》）是我们党历史上第一个全面的关于加强党的执政能力建设的纲领性文献。这次全会和这个《决定》，抓住了决定党和国家工作全局的重大战略课题，抓住了治国理政的根本。这对于我们党领导的伟大事业和党的建设新的伟大工程，都具有重大的现实意义和深远的历史意义。围绕这个问题，我着重从以下几个方面谈些初步体会。

　　中央全会如此突出地提出并着重地致力于解决加强党的执政能力建设问题，这鲜明地体现出以胡锦涛同志为总书记的新一届中央领导集体善于在审时度势基础上把握全局，紧紧抓住推动全局发展的重要环节。这件事本身，就是一条重要的领导经验和执政经验。所谓审时度势，就是站在时代和战略的高度，全面分析形势和任务。我国的改革发展进入了关键时期，国际形势已经和正在发生深刻变化。我们党作为执政党，既面临着国内经济和社会发展层出不穷的新情况新问题的严峻挑战，又面临着国际上各种矛盾深化、战略格局变动和发达国家在经济、科技等方面占优势的种种压力。在这样的国内外条件下，党要全面贯彻"三个代表"重要思想，推进实现新世纪三大历史任务的进程，在全面建设小康社会的基础上实现中华民族伟大复兴，就必须大力加强执政能力建设。

所谓把握全局，就是把加强党的执政能力建设作为推动全局发展的决定环节紧紧抓住，从而把全局工作同党的建设更紧密地联系起来，既有力推动党的建设新的伟大工程的全局发展，又同时推动党领导的伟大事业的全局发展。只有这样，才能保证我们党在世界形势深刻变化的历史进程中始终走在时代前列，在应对国内外各种风险和考验的历史进程中始终成为全国人民的主心骨，在建设中国特色社会主义的历史进程中始终成为坚强的领导核心。

全会强调抓住机遇、锐意进取，把党的执政能力建设提高到新水平，这个要求具有深刻含义。这是因为，在新世纪新阶段，我国经济社会发展进到一个新的历史关节，我们党的执政能力建设也必然相应地进到一个新的历史关节。我国当前的情况是，经过26年的改革开放和现代化建设，人民生活在总体上实现了从温饱到小康的历史性跨越，人均国内生产总值突破1000美元，正在向人均3000美元的新的台阶攀升。而国际经验表明，一国达到这样的发展水平，往往意味着经济社会发展进入一个新的更为复杂的关键时期，对执政党的执政能力的考验也进入一个新的更为复杂的关键时期。在这种情势下，党的十六大提出的全面建设小康社会的20年重要战略机遇期能否真正抓住，一个极其重要的甚至是决定性的因素，就在于党的执政能力建设能否进一步加强，党的领导水平、执政水平能否进一步提高。正因为这样，我国全面建设小康社会的重要战略机遇期，实质上同时就包含了把加强党的执政能力建设提到更加突出地位这样一个历史性的新要求。

也正因为这样，全会提出的"抓住机遇、锐意进取"的要求，就是极为重要的了。新的战略机遇期的有利条件，使我们能够获得比较充裕的时间和比较稳定的环境，有系统地提出和有步骤地进行党的执政能力建设。与此同时，种种可以预见和难以预见的风险和挑战，又要求我们必须把这件大事抓得很紧很紧而不能稍有松懈，坚持锐意进取而不能因循守旧。回顾我们党的历史，从来就没有什么舒舒服服地吃现成饭的机遇，而总是要在克服困难、战胜风险中才能抓住机遇、创造机遇，打开新的局面。党的历史经验表明，机遇与挑战的存在固然有国内国外各种因素共同在起作用，但是其中起决定性作用的因素始终只能是我们自己，始终取决于我们党的见识、胆略和作为。用这样的眼光来审视当前的国内外形势，我们就能够理解，挑战也好，压力也好，困难也好，风险也好，既考验党的执政能力，又锻炼和提高党的执政能力。这当然也就为我们党的执政能力建设的加强提供了难得的机遇。

上述情况，既深刻体现在国内工作中，又生动反映在对外工作里。

从国内工作来说，过去1/4个世纪，我国建设成就巨大，经济实力、综合国力和人民生活得到了实实在在的提高；而今天，我国正处在改革发展的关键时期，在发展势头依然强劲的同时，也面临资源、环境以及经济与社会协调发展等方面的严重挑战。可以说，这是一个"黄金发展期"与"矛盾凸显期"相交织的改革发展的关键时期。我们党已明确了应对挑战的一整套方针，这就是：全面建设小康社会；坚持走新型工业化道路；坚持"五个统筹"，即统筹城乡发展，统筹区域发展，统筹经济社会发展，统筹人与自然和谐发展，统筹国内发展和对外开放；坚持可持续发展。由此可见，在新的考验面前，我们党的头脑是清醒的，方针是适时的、有力的。

从国际局势看，世界大转折和经济全球化对我们来说，既是机遇，又是挑战。面对挑战，我们党应对的方针也已明确，这就是：在争取有利于我国发展的和平国际环境的问题上，特别是在如何对待国际体系和国际秩序的问题上，我们坚决摒弃那种依靠发动战争打破原有国际体系，依靠集团对抗以争夺霸权的老路，而主张通过国际关系民主化的途径，逐步建立国际政治经济新秩序这样一条新路。也就是不争霸、不称霸、不当头，也不当附庸，争取和平的国际环境来发展自己，又以自身的发展来维护世界和平。简而言之，就是走"和平发展道路"。可以说，这正是"中国特色社会主义"的一个重要的"中国特色"。在21世纪上半叶风云变幻的世界大转折中坚持这条道路，既考验我们党的执政能力，又锻炼和提高我们党的执政能力。再加上祖国统一问题，国家主权和安全问题，其所包含的巨大挑战和考验，同样既考验我们党的执政能力，又锻炼和提高我们党的执政能力。

按照全会的分析，我们党的执政能力同党肩负的重任和使命总体上是适应的。新中国成立55年特别是改革开放20多年来，我们党紧紧依靠人民群众、依靠全党共同努力而取得的举世瞩目的执政成就，已经有力地证明了这一点。另一方面，正如全会所指出，面对新形势新任务，党的执政能力建设也还存在一些亟待解决的突出问题。这些问题归结起来，一个是不适应新形势新任务的要求，一个是不符合"三个代表"重要思想和全面建设小康社会的要求。所谓"不适应新形势新任务的要求"，既有领导方式和执政方式、领导体制和工作机制的不适应，也有党员干部队伍素质和能力水平的不适应，主要表现为一些领导干部和领导班子思想理论水平不高、依法执政能力不强、解决复杂矛盾本领不大。所谓"不符合'三个代表'重要思想和全面建设小康社会的要求"，主要表现在一些党员干部思想作风不端正、工作作风不扎实、脱离群众等问题比较突出，一些地方党的基层组织软弱涣散、一些党员不能发挥先锋模范作用，腐败现象在一些地方和部门还比较严重，等等。这些问题都直接影响党的执政成效。还可以说，种种"不适应"的问题，是从"本领恐慌"方面影响党的执政成效；种种"不符合"的问题，则是从思想行为不端正以致损害党群关系和干群关系方面影响党的执政成效。《决定》尖锐地提出"不适应""不符合"的问题，就是要提醒全党同志增强对新的历史方位和执政使命的适应力，增强对各种消极腐败因素的免疫力；就是要引导全党同志特别是领导干部，从关系社会主义事业兴衰成败、关系中华民族前途命运、关系党的生死存亡和国家长治久安的高度，增强搞好执政能力建设的自觉性和坚定性。

针对种种"不适应""不符合"的问题，针对新形势新任务，全会强调，我们党作为执政党必须认真面对和妥善处理好一系列"关系"，包括：与国家机关的关系，与民主党派的关系，与社会团体的关系，与经济文化活动的关系，以及党本身的执政能力建设与思想、组织、作风、制度等方面建设的关系。这些问题及其妥善处理，实质上都涉及现阶段我国生产力与生产关系、经济基础与上层建筑这两大社会基本矛盾运动，同时又都涉及现阶段我国经济社会发展中两大层次的协调：一个是要推进生产力与生产关系、经济基础与上层建筑相协调，一个是要推进经济、政治、文化建设的各个环节、各个方面相协调。归根到底，是要推进社会主义物质文明、政治文明和精神文明这三大文明建设的协调发展。加强党的执政能力建设，最根本的就是要解决好这个问题。

《决定》所深刻总结的党执政55年来特别是党的十一届三中全会以来26年的主要执政经验，既要在新的历史条件下坚持和发扬，又要在实践中与时俱进，继续丰富和完善。经验总结是规律性认识的基础，也是领导能力和执政能力的体现。我们要紧紧围绕中国特色社会主义这个主题，学习领会党的主要执政经验，结合中国实际正确认识和自觉运用共产党执政规律以及社会主义建设规律和人类社会发展规律，这对我们党的发展壮大、对中国特色社会主义事业的兴旺发达具有决定性意义。同时，这也是社会主义政治文明建设的一个极重要的组成部分。

把我们党在领导中国社会主义现代化伟大事业和党的自身建设新的伟大工程中取得的执政成就、执政经验，放到国际国内及其相互联系当中去观察，放到历史发展当中去观察，就可以清楚地看到，我们党在艰辛探索中开创的中国特色社会主义道路是一条全新的发展道路。这里有两大超越：一是超越那种旧式工业化必然导致世界范围争夺资源大拼杀的旧路，下决心通过和平方式和新型工业化道路走向可持续发展；二是超越那种因为社会制度和意识形态的差异就拒绝和平、发展、合作的冷战思维，下决心实行改革开放，即在同经济全球化相联系而不是相脱离的进程中，通过学习、借鉴乃至引进人类文明的各种有益成果，独立自主地建设中国特色社会主义并走向发展。这样一条道路，在近代以来走向振兴的大国历史上前所未有，在世界社会主义历史上前所未有，在马克思主义发展历史上也前所未有。这条道路的成功开创，是党领导的结果，是党执政能力的集中体现，而这条道路在21世纪上半叶的坚持和发展，又要求把党的执政能力提高到新水平。由此可见，全会把进一步加强党的执政能力建设这个决定全局的重大战略课题提到全党面前，意义之重大、之深远。

总之，党的十六届四中全会及其《决定》，是党的建设新的伟大工程的新拓展，是建设好这个伟大工程以推进党领导的伟大事业的新动员，标志着在邓小平理论和"三个代表"重要思想指引下，党为完成21世纪头20年全面建设小康社会的宏伟任务而加强自己、完善自己的马克思主义新觉醒。

全方位构建国际利益汇合点和利益共同体

　　进入21世纪第二个十年，中国对外关系发展的第一件大事就是胡锦涛主席成功地对美国进行了国事访问，中美双方发表了《联合声明》。《联合声明》的一个核心概念就是强调中美之间的"共同利益"，其中明确提到"共同利益"和"双方根本利益"就有八处，这在中美关系史上是前所未有的。中美之间，以及中国与一切相关国家和地区之间，全方位地构建不同领域、不同层次的"利益汇合点"和"利益共同体"，乃是中国和平发展道路在21世纪第二个十年的极重要的具体表现。而跨国公司作为国际投资合作的市场主体，则是扩大和深化这种"利益汇合点"的重要平台，是构建"利益共同体"的重要载体，在形成中国和平发展的国际环境、发展互利共赢的开放型经济方面，已经发挥并将继续发挥不可或缺、不可替代的重大历史作用。我想对中国和平发展道路在21世纪第二个十年的深化和拓展，"利益汇合点"和"利益共同体"的内涵和意义，跨国公司在"利益汇合点"和"利益共同体"的构建和发展方面的作用，谈几点观察和思考。

———————

我提出这样的问题，是因为，2008年下半年以来，伴随着国际金融危机，伴随着中国国力增长，国际舆论出现某种焦虑和不安，对中国是否一以贯之地走"和平发展道路"产生怀疑和猜测，甚至认为"和平发展"根本靠不住，更有甚者断言中国将重复20世纪上半叶德国和日本、20世纪下半叶苏联走过的老路。我认为，如果这竟然形成舆论主流，甚至上升为国家战略判断，则不仅使中国企业和金融机构在"走出去"的过程中面临的各类风险日益加大，而且也使中国的发展、相关国家和地区的发展受到严重影响。作为一个观察者、研究者，我在思考和阐明中国和平发展道路的过程中，从21世纪初年即已多次提出，经济全球化是中国和平发展的根本条件，而中国和平发展给世界持续带来的是机遇和市场，是互利和共赢！2004年以后，我又进一步提出，中国需要全方位地同周边国家和地区，同一切相关国家和地区，逐步构建"利益共同体"。2005年6月我又进一步说明，相关各方能够形成轻易拆解不开的，多方面的不同领域、不同层次的利益共同体，这是来自经济全球化时代各方利益的深度捆绑和互有所求，来自随着非传统安全威胁上升所带来的"大国合作"的新安全观，来自重视处理地区热点问题和维护国际和平与安全的共同努力，还来自各方之间的人民往来与文化交流。

21世纪整个头二十年，是中国集中力量"全面建设惠及十几亿人口的更高水平的小康社会"的关键阶段。中国在这个阶段的发展重点是持续改善民生，全面提高人民生活质量，同时推动经济发展从量的增长向质的提升转型。现在这个发展阶段已过去一半，总体说来，中国在量的增长方面干得不错，但是质的提升还不尽如人意。

迈入21世纪第二个十年，中国的发展面临一系列挑战：这里有经济增长受到资源与环境约束的挑战；有经济社会发展不平衡的挑战，如投资与消费、"引进来"与"走出去"、城市与农村、东部与西部不平衡发展的挑战；有产业结构转型艰难和科技研发能力不足的挑战；有人力资源和社会就业结构不相衔接的挑战；有收入分配不够均衡和利益结构面临重新调整的挑战；有社会治理相对滞后、社会矛盾明显增多的挑战；还有可以预料和难以预料的种种严重自然灾害的挑战；等等。

为了应对这些挑战，中国在21世纪第二个十年的努力，集中到一点，就是要加快转变经济发展方式，保障和改善民生，促进经济长期平稳较快发展与社会和谐稳定，全面建成小康社会。由此而来的，就是要增长方式由主要依靠外需拉动转入以内需拉动为主的阶段，对外开放由出口和吸收外资为主转向进口和出口、吸收外资和对外投资并重的阶段，加快产业结构的转型和消费结构升级，从中等偏下收入国家迈向中等偏上收入国家。同样由此而来的，将是中国更加致力于国内发展，更加致力于提高全民族文明素质和精神追求，从而使中国社会既充满活力又和谐安定，使中华民族既实现和平发展又达致文明复兴！毫无疑问，这样的中国，必将为世界提供更巨大的市场需求和更广阔的发展机遇。

这里，我要强调指出，中国和平发展的未来愿景只是基于中国国情、解决中国问题的"中国梦"，而绝不是别的什么梦。比如在能源消耗上，我们就做不起人均年消费25桶石油的"美国梦"，中国在人均年消费石油不到1.5桶的情况下，还在强调"十一五"期间即到2010年要把单位国内生产总值的能源消耗降低20%。又比如，在人口流动上，我们也不会做那种在近代以来历史上曾经以6000多万人口向海外移民、到处建立殖民地来实现自身发展的"欧洲梦"，我们只是脚踏实地地在自己的国土上，依靠自己的力量来解决自身庞大的农村人口转移问题。又比如，在增强综合国力上，我们也绝不做"苏联梦"，勃列日涅夫时期的苏联一股劲地搞军备竞赛、对外"输出革命"，而我们只输出商品、资本和市场，不输出革命。

这样的"中国梦"，从根本上说，一是要维护国家主权和领土完整，二是要用和平的方式、文明的方式实现国家发展和现代化。因此，中国和平发展道路既符合中国人民的长远理想，又符合世界历史潮流。

如果说21世纪第一个十年，中国依靠和平发展道路，成为世界发展的重要组成部分，中国与世界形成了共同利益的扎实基础；那么21世纪第二个十年，中国将更加依靠和平发展道路，而成为世界发展更加重要的一部分，中国与世界也将形成更加系统和更可持续发展的共同利益。这也就从根本上决定了中国与世界的关系在今后十年乃至更长时间的发展走向。

三

在21世纪第二个十年，中国的"和平发展道路"需要进一步具体化。而这方面的一个重要取向，就是"扩大和深化同各方利益的汇合点"，全方位地与不同国家和地区建立和发展在不同领域和不同层次的"利益共同体"。如前所述，中国的国内发展需要这种取向，世界大势也需要这种取向。我们期望，对这样的取向，能在国际社会越来越大的范围内获得认同和共识。

我还要进一步郑重地强调：扩大和深化"利益汇合点"，构建"利益共同体"，已成为我国政府的明确方针。特别是"扩大和深化同各方利益的汇合点"，已载入不久前公布的《中共中央关于第十二个五年规划的建议》。胡锦涛主席2011年1月在对美国进行国事访问时就指出，"中美两国从未像今天这样拥有如此广泛的共同利益"。而此前不久，他在与时任美国总统奥巴马的会谈中，便已鲜明地提出了"在更高水平上推进积极合作全面的中美关系，在符合双方共同利益的领域开展伙伴合作"的重大课题。温家宝总理2010年10月在第八届亚欧首脑会议的开幕致辞中也明确强调，亚欧会议成员国，应当"真正成为一个紧密相联的利益共同体"。

实际上，中国与国际社会的"利益汇合点"已是一种客观存在。2008年以来，中国与世界各国，尤其是二十国集团成员国家和经济体，携手应对国际金融危机的冲击，就是当时特定条件下各方利益的最大汇合点。现在，中国与美国等主要经济体之间又需要相互适应、相互调整，共同应对国际金融危机后的世界变化和各自国内结构调整，这又应成为各方新的利益汇合点。

这方面，一个很值得注意的动向，就是中国与美国等世界主要经济体的互补和相互依存正在由贸易领域向投资领域扩展，国际投资合作正在进一步加强。据我所知，中美之间正在就高速铁路项目的合作进行磋商，一旦这项合作付诸实施，将使中美两国经济获得新的巨大动力，在两国创造大量的就业岗位，从而使中美关系获得一个重大的共同利益汇合点，同时也是中美形成联合投资机制的　个重要样板。

总之，在共同经历了国际金融危机冲击之后，中国与世界的"利益汇合点"较之以前是更多而不是更少了；中国与世界在不同领域、不同层次上构建"利益共同体"的条件是更加充分而不是更为欠缺了。

四

进入21世纪后第二个十年，全球治理体系和国际分工体系将进入一个渐进的、和平的转型期，这又都是发展的新的战略机遇。这种机遇和挑战都是前所未有的。对此，我提出八点估计：

第一，在世界多极化、经济全球化条件下，各国相互依存不断加深，你中有我，我中有你，大家谁也离不开谁。

第二，大国关系出现重大调整，相互合作和竞争更加明显。二十国集团峰会表明了各大国必须在合作中求发展，又在竞争中谋优势。

第三，包括中国在内的发展中大国整体和平发展的势头显著。今后十年是其发展的关键时期。

第四，国际金融危机催生了世界范围社会生产力的结构大变革。一个以"绿色、智能、可持续"为重要特征的新技术革命和产业革命日益展露其锋芒。

第五，在后国际金融危机时期，气候、能源、资源、粮食、金融安全等全球性问题更加突出，全球治理问题也紧迫地提到议事日程上来了。

第六，各大国经济发展方式将发生重大变动，由此将决定各大国相对地位的变化。

第七，各种形式的剧烈动荡或地缘政治冲突，以致传统形式的战争危险仍然存在。人们对此既不必惊慌失措，也不能掉以轻心。

第八，无论中国还是世界，仍将呈现机遇与挑战相交织，而机遇大于挑战的根本走向。我们对未来十年中国的和平发展仍然充满信心。

以上八点，就是我所观察到的当今乃至未来十年的世界发展大势。

在世界经济和政治格局变化进程中，中国与美国、欧盟、日本之间虽然存在这样那样的矛盾和分歧，但过去十年促进中美、中欧、中日关系大发展的基本要素和动力依然存在。这也要求我们以扩大和深化"利益汇合点"、构建"利益共同体"的新观念，更加自觉地寻找推动双边和多边关系发展新的增长点，以实现互利共赢、各得其所。

总之，在21世纪第二个十年，超越意识形态和社会制度差异，超越狭隘眼界，而以大局观念、务实精神和政治智慧来共同致力于扩大和深化双边和多边的、不同层次和不同领域的"利益汇合点"，构建"利益共同体"，不仅是必要的，也是可行的。利益汇合点积累越多，共同利益基础就越深厚，构建利益共同体就越具备条件，其空间无比巨大，其成效不可限量。

五

中国和平发展、世界和平发展的红利带来了跨国公司的重大发展。中国改革开放三十多年来既先后引进了数百家国际著名跨国公司，又在持续地大力度培养我国的跨国公司，而跨国公司的发展又可以有利于推进各国与中国经济交往与合作，从而有利于营造中国和平发展的国际环境。应当说，跨国公司是扩大和深化中国与相关国家和地区之间的"利益汇合点"，是构建"利益共同体"的重要载体。

具体来讲，作为跨国公司的东道国，我们可以引进资金、技术、管理，带动发展方式转变，可以引进全球意识、市场观念，还可以改善国际收支状况。而作为跨国公司的母国，我们则又可以通过投资、经营，扩大我国市场范围，增加国民生产总值；通过公司内部贸易、调控价格，创造更加有利于我国的出口条件，提高出口竞争力；通过国际直接投资，获得战略性原材料和劳动力，避免交易和货币风险。

当然，我们也需要看到另一方面。现在我国市场经济管理体制还有待进一步完善，我国许多本土企业缺乏跨国经营的能力，我们还缺乏参与协调全球经济的经验。在这种情况下，跨国公司高附加值的高端产品与我国低附加值的初级产品相交换可能带来一定的不公平；实力雄厚的跨国公司对我国民族企业的发展可能造成一定的压制；跨国公司对我国企业和相关产业的安全可能导致一定的冲击；跨国公司对我们制订经济政策的独立性可能产生一定的影响；等等。

毫无疑问，我们需要进一步研究如何防范跨国公司带来的负面影响。同样毫无疑问，我们更加需要进一步研究如何抓住机遇，引导跨国公司经营目标尽可能与中国发展目标相协调，发挥跨国公司在中国和平发展道路中的积极作用。总而言之，在21世纪的第二个十年里，"扩大和深化同各方利益的汇合点"，全方位地与不同国家和地区建立和发展在不同领域和不同层次的"利益共同体"，前景是广阔的，潜力是巨大的，跨国公司尤其中国本土的跨国公司是大有可为的。

人们将会看到，中国对外开放由出口和吸收外资为主转向进口和出口、吸收外资和对外投资并重的新形势，已经到来。加快实施"走出去"战略，按照市场导向和企业自主决策原则，引导各类所有制企业有序到境外投资合作的方针已经提出。

可以预期，到"十二五"期末，即2015年前后，中国一定会出现一批大型跨国公司，它们初具规模，发展壮大，成为共同推进"利益汇合点"和"利益共同体"建设的有益伙伴！

大变动与新觉醒

从1921年到2011年，中国共产党走过的波澜壮阔的90年，既是世界历史大变动的90年，也是中国历史大变动的90年。与世界历史大变动紧密相联的中国历史大变动在广度、深度上，在由此引起的冲击力、震撼力上，实为中华民族几千年历史所仅有，也为世界历史所罕见。

这90年，中国开头是深陷于半殖民地半封建社会困境，今天则是昂首阔步走在中国特色社会主义大道上；开头是国家瓜分豆剖、人民积贫积弱，今天则是国家团结凝聚、人民充满希望；开头是饱受蹂躏、任人宰割，今天则是独立自主、和平发展，巍然屹立于世界民族之林，展现出中华民族伟大复兴的光明前景。

这90年，中国相继实现了三大历史性转变。一是从半殖民地半封建社会到民族独立、人民当家作主新社会的历史性转变，二是从新民主主义革命到社会主义革命和建设的历史性转变，三是从高度集中的计划经济体制到充满活力的社会主义市场经济体制、从封闭半封闭到全方位开放的历史性转变。

中国这90年历史大变动由何而来？综观全局，起决定性作用的因素就在于有了一个以马克思主义武装起来，并且一以贯之地把马克思主义作为自己行动指南的领导核心；有了一个坚持把马克思主义基本原理同中国具体实际相结合，能够依据世情、国情、党情的不断变化和亿万人民伟大实践的不断深入而持续获得马克思主义新觉醒，形成并不断发展中国化马克思主义理论、路线、方针、政策的主心骨和领路人。这个领导核心，这个主心骨和领路人，就是中国共产党。

从90年历史大变动
看中国共产党的马克思主义新觉醒

我们所说的"马克思主义新觉醒"，乃是在坚持马克思主义立场、观点、方法的基础上，把自己的思想从对马克思主义的教条化理解的束缚中解放出来的新觉醒，是坚持以中国问题为中心学习研究和应用马克思主义，并根据不断发展变化的世界和中国的实际而使马克思主义理论与时俱进的新觉醒，是党的指导思想真正能够解决中华民族面临的各项历史性课题，使中国的生产力不断获得新解放并给人民带来实实在在的利益和福祉的新觉醒。

回溯90年波澜壮阔的历史进程，中国共产党总体上获得了哪些真正能够救国救民、富国富民的马克思主义新觉醒呢？

第一，深入分析中国社会经济政治和阶级状况，对1840年后的中国半殖民地半封建社会性质和特点作出科学判断，鲜明提出了必须把马克思主义基本原理同中国这个具有极特殊国情的东方大国的具体实际相结合，而不能把马克思主义教条化、把共产国际决议和苏联经验神圣化。

第二，提出鉴于中国特殊国情以及世界进入帝国主义和无产阶级革命时代的历史条件，中国革命必须分两步走，即首先经过民主革命，尔后才能进入社会主义革命的根本战略观念。在此基础上，搞清楚了中国新民主主义革命和旧民主主义革命的区别，确立了中国新民主主义革命必须也只能由中国工人阶级（通过中国共产党）领导和以社会主义为前途的根本战略方针。

第三，提出中国新民主主义革命的对象是帝国主义、封建主义、官僚资本主义，而中国资产阶级则分为大资产阶级和民族资产阶级两部分，由此又提出了联合民族资产阶级的统一战线政策。抗日战争时期，还实行对一部分抗日的大资产阶级也加以联合、更广泛的统一战线政策。

第四，提出中国的新民主主义革命只能是以农民为主力军、以武装斗争为主要形式、走农村包围城市道路的人民大革命。同时，进一步提出"枪杆子里面出政权"，人民军队必须实行"支部建在连上"，必须绝对服从党的领导，实行"党指挥枪"。

第五，提出适应中国新民主主义革命阶段和农村环境下建设马克思主义革命政党的特殊艰巨性，需要进行"党的建设的伟大工程"。同时，提出统一战线、武装斗争和党的建设这三项乃是中国新民主主义革命克敌制胜的"三大法宝"。

第六，经过延安整风这样的马克思主义中国化教育运动，统一了全党思想，确立了毛泽东思想在全党的指导地位。毛泽东思想是以毛泽东同志为代表的中国共产党人实现马克思主义中国化第一次历史性飞跃的伟大成果。

第七，新中国成立后，以"过渡时期总路线"为指引，有步骤、分阶段地成功实现了从新民主主义革命到社会主义革命的转变。特别是在"过渡时期总路线"指引下，经过空前规模的对农业、手工业和资本主义工商业的社会主义改造，在中国建立起社会主义基本制度。

第八，进入社会主义社会后，运用辩证唯物主义和历史唯物主义世界观，深刻指出我国依然存在着生产关系与生产力、上层建筑与经济基础之间的矛盾，并且提出正确区分和处理两类不同性质的社会矛盾的问题，指出人民内部矛盾成为国内政治生活的主题。

第九，党的十一届三中全会后，经过真理标准问题大讨论，经过从指导思想到具体工作路线、工作方针上的拨乱反正，认真总结新中国成立以来种种严重失误特别是"文革"教训，进一步确认建设和发展社会主义必须摒弃"以阶级斗争为纲"，而坚持以经济建设为中心，同时提出坚持四项基本原则、坚持改革开放，由此形成了党的"一个中心、两个基本点"的基本路线。

第十，在解放思想、实事求是、与时俱进地对社会主义进行再认识中，提出"走自己的道路，建设有中国特色社会主义"这样一个马克思主义中国化的目标性、纲领性的基本命题。与此相联系，确认"马克思主义最重视发展生产力""社会主义的本质，是解放生产力，发展生产力，消灭剥削，消除两极分化，最终达到共同富裕"，并且确认直到21世纪中叶即2050年以前中国都将处于"社会主义初级阶段"，而"社会主义初级阶段的最根本任务就是发展生产力"。

第十一，在深化改革、扩大开放过程中，提出改革开放是前无古人的伟大创举，"革命是解放生产力，改革也是解放生产力"，"改革是中国的第二次革命"。改革从农村开始，进而发展为以经济体制改革为重点的全面体制改革，经济体制改革的目标是建立社会主义市场经济体制。尔后又提出，确立"公有制为主体、多种所有制经济共同发展的基本经济制度"；在发展社会主义市场经济过程中产生的"新的社会阶层"，都是中国特色社会主义事业的建设者。

第十二，在改革开放和社会主义现代化建设实践中，立足时代特点和基本国情，提出我国在社会主义初级阶段分三步走，即依次经过解决温饱问题、奔小康、达到中等发达国家水平，以实现社会主义现代化的战略步骤。尔后又把从21世纪初中国进入"小康"后到2020年的这20年，作为"全面建设小康社会"的一个相对独立的发展阶段。

第十三，面对21世纪全球性挑战和经济社会全面发展需要，提出以人为本、全面协调可持续发展的科学发展观。强调加快转变经济发展方式，同时统筹城乡、区域、经济社会、人与自然、国际国内发展，从而形成了以经济建设为中心，物质文明、政治文明、精神文明、社会文明和生态文明协调推进的中国特色社会主义事业的总体布局。

第十四，通过把国内大局同国际大局结合起来、把国情意识同世界眼光结合起来，清醒估计20世纪后期和21世纪前期国际形势的深刻变化，独创性地提出和平与发展是当今世界的时代主题。世纪之交，面对风云变幻的国际局势，提出"冷静观察、沉着应付、韬光养晦、决不当头、有所作为"的方针。进入21世纪以后，进一步强调清醒把握中国所处的"历史方位"和面对的必须紧紧抓住而又可以大有作为的"重要战略机遇期"，始终不渝地坚持走和平发展道路，并且全方位地拓展和深化同各方利益的汇合点，构建利益共同体，与世界各国一道推动建设和谐世界。

第十五，联系中国特色社会主义伟大事业，提出全面推进新时期"党的建设新的伟大工程"。明确指出，我们党历经革命、建设、改革，已经从领导人民为夺取全国政权而奋斗的党，成为领导人民掌握全国政权并长期执政的党；已经从受到外部封锁和实行计划经济条件下领导国家建设的党，成为对外开放和发展社会主义市场经济条件下领导国家建设的党。党要始终做到"三个代表"，使自己既是中国工人阶级的先锋队，同时是中国人民和中华民族的先锋队。与此同时，强调以加强党的执政能力建设和先进性建设为主线，全面推进党的思想建设、组织建设、制度建设、作风建设和反腐倡廉建设，更加注重从源头上防治腐败。

第十六，继马克思主义中国化第一次飞跃的伟大理论成果——毛泽东思想之后，又在新的历史条件下形成了包括邓小平理论、"三个代表"重要思想以及科学发展观等重大战略思想在内的中国特色社会主义理论体系。这是马克思主义中国化第二次飞跃的伟大理论成果，表明我们党对共产党执政规律、社会主义建设规律、人类社会发展规律的认识达到了新高度，开辟了马克思主义中国化的新境界。

以上这十六点归结起来，集中表明中国共产党在90年波澜壮阔的历史变动中获得了在以下五个根本性问题上的马克思主义新觉醒。一是什么是马克思主义、怎样对待马克思主义。中心点是坚持马克思主义基本原理同中国具体实际相结合，坚持马克思主义中国化，既不能丢掉马克思主义老祖宗，又反对任何对待马克思主义的教条化。二是进行什么样的中国革命、怎样进行中国革命。中心点是中国共产党领导的新民主主义革命和从新民主主义革命到社会主义革命和社会主义建设的伟大转变，而不是脱离中国实际的所谓"民主革命只能靠资产阶级领导"的陈腐公式和混淆革命阶段的所谓"毕其功于一役"的"革命"妄想。三是什么是社会主义、怎样建设社会主义。中心点是从中国国情出发，建设中国特色社会主义，首先是社会主义初级阶段的中国特色社会主义。四是建设什么样的党、怎样建设党。中心点是"三个代表"重要思想，强调中国共产党是中国工人阶级先锋队、同时是中国人民和中华民族的先锋队，坚持立党为公、执政为民。五是实现什么样的发展、怎样发展。中心点是以人为本、全面协调可持续的科学发展观，而不是无视人的全面发展、吃祖宗饭断子孙路的掠夺式的不可持续的发展。

从改革开放30多年的成功实践看
中国共产党的马克思主义新觉醒

改革开放30多年来，党的理论创新与实践创新紧密结合，当代中国发展着的马克思主义直接见效于解放思想、解放生产力，从而实现了三个方面的马克思主义新觉醒。

一是关于"什么是社会主义、怎样建设社会主义"。改革开放历史新时期的思想解放，关键就是在这个问题上的解放。拨乱反正，全面改革，从"以阶级斗争为纲"到以经济建设为中心，从封闭半封闭到全方位开放，从计划经济到社会主义市场经济，直到提出构建社会主义和谐社会，等等，都属于逐渐搞清楚这个根本问题并随实践发展而不断深化的伟大觉醒过程。在这个过程中首先创立的、具有从根本上奠定基础性质的邓小平理论，特别是其中所包含的社会主义社会根本任务论、社会主义初级阶段论、社会主义市场经济论、社会主义精神文明论、社会主义本质论和党在社会主义初级阶段"一个中心、两个基本点"的基本路线，以及后来的社会主义政治文明论和中国和平发展道路论等，正确界定了我国现实社会的历史方位和主要矛盾。在这个过程中，明确提出了党在社会主义初级阶段的兴国之要、立国之本、强国之路等一系列根本性问题。

二是关于"建设什么样的党、怎样建设党"。同样从新时期一开始，我们党就启动了这方面的探索和回答，确立了新时期党的思想路线、政治路线、组织路线，进一步明确了要把党建设成为领导社会主义物质文明和精神文明建设的马克思主义执政党。以江泽民同志为核心的党中央领导集体集中全党智慧创立"三个代表"重要思想为标志，世纪之交的中国共产党人深刻认识和把握新的历史条件下深刻变化的世情、国情、党情，在进一步回答"什么是社会主义、怎样建设社会主义"问题的同时，提出了"党的建设新的伟大工程"，强调提高党的领导水平和执政水平、保持和发展党的先进性，并从而创造性地回答了"建设什么样的党、怎样建设党"的问题,进一步明确界定了党在新时期的历史方位,从新的历史高度来认识自己、完善自己、全面加强自己。在这个过程中,明确提出了立党之本、执政之基、力量之源等一系列根本性问题。

三是关于"实现什么样的发展、怎样发展"。同样从新时期一开始,我们党就明确提出了"社会主义的根本任务是发展生产力",确定了"以经济建设为中心""中国式的现代化"和"三步走"的战略部署。围绕这个部署,关于农业和农村发展的"两次飞跃",关于区域发展战略的"两个大局",关于科教兴国、依法治国、可持续发展以及西部大开发等一系列重大战略方针,关于新世纪新阶段的"全面建设小康社会"、统筹城乡经济社会发展、坚持走"新型工业化道路"和以"生产发展、生活富裕、生态良好"为特征的"文明发展道路"等,都属于在发展问题上不断探索和深化的实践和认识过程。党的十六大以来,以胡锦涛同志为总书记的党中央在继承党的三代中央领导集体关于发展的重要思想的基础上,先后提出"科学发展观"和"社会主义和谐社会"等重大战略思想,进一步明确了我国仍处于并将长期处于社会主义初级阶段而又进到新的历史起点的发展方位,并把发展问题提到体现以人为本、体现社会公平正义、体现人的全面发展和社会的全面发展以及资源环境的可持续发展的高度,既着眼于把握发展规律、创新发展理念、转变发展方式、破解发展难题,又着力于推进党的执政方式和社会治理方式的转变。在这个过程中,明确提出了发展之本、发展方式、发展规律等一系列根本性问题。

上述马克思主义新觉醒之每一方面,都是从改革开放新时期一开始即明确提出，在实践中不断展开和深化，并且总是与30多年各个具体阶段党的总体战略布局相联系而构成统一整体。中国共产党在新时期从实践到理论，再从理论到实践的一系列卓有成效的创新和创造，归根到底都同这三大方面的马克思主义新觉醒分不开。

正是在这样的进程中，中国共产党坚持贯彻"一个中心、两个基本点"的基本路线，排除"左"、右干扰，思想解放不断上台阶，有力带动了改革开放和生产力解放不断上台阶。反过来，改革开放和生产力解放又有力促进了思想的再解放。也正是在这样的进程中，党指导的解放思想同实事求是、一切从实际出发相一致，而不是相背离；党领导的改革开放同坚持四项基本原则相结合，而不是相悖反；党推动的经济体制改革同政治体制、文化体制、社会体制及其他方面体制的改革相联系，而不是相割裂；党坚持的实践标准、生产力标准、人民利益标准同以人为本相统一，而不是相对立。

党的十七大达到了对中国特色社会主义的"三个一"的统一认识，这就是：一面旗帜——中国特色社会主义伟大旗帜，一条道路——中国特色社会主义道路，一个理论体系——中国特色社会主义理论体系。这是中国共产党对中国特色社会主义伟大事业和党的建设新的伟大工程的规律性认识进一步深化和系统化的鲜明体现和最新成果，从而打开了更加广阔的实践和认识道路。

当然，我们还应清醒地看到，中国的社会主义现代化事业远未完成，中国还远未摆脱不发达状态，还需要在21世纪第二个十年开头的新的历史起点上再艰苦奋斗近40年，才能达到中等发达国家水平。中国人能不能干成这番事业，世界上许多人在看。再加上今天世界范围的综合国力竞争、不同思潮相互激荡，比过去任何时代都要复杂得多。这种情况，必然会给党领导的伟大事业和党的建设新的伟大工程带来多方面复杂深刻的影响。从更加长远来看，巩固和发展社会主义制度，还需要一个很长的历史阶段，需要我们几代人、十几代人甚至几十代人坚持不懈地努力奋斗。

总之，面对21世纪第二个十年，中国共产党清醒估量困难，同时清醒坚定地把握历史方位、历史机遇和历史进程之主流和主导方面，把信心建立在自己力量的基点上，既不断推进历史大变动，又不断实现自身新觉醒。这里的关键就在于：解放思想与解放生产力相结合之始终一贯，党领导的伟大事业与党自身建设新的伟大工程相结合之始终一贯，加强党自身团结与加强党和人民团结相结合之始终一贯。在中国共产党人看来，马克思主义基本原理只有同中国实际和时代条件相结合，才能成功，才能胜利；科学社会主义的理想信念只有赋予其中国特色和时代内涵，才能成功，才能胜利；离开中国实际和时代特征来谈马克思主义，没有前途，没有意义；离开中国实际和我们已经取得伟大成功的道路和理论体系，而去另外寻求和依傍别的什么主义和模式，没有前途，没有意义。

机遇促进中国与世界的共同发展

围绕抓住21世纪第二个十年战略机遇期，在全球变局下中国与相关国家和地区，特别是周边国家和地区共同和平发展的问题，讲几点意见。

党的十八大与当代中国和世界

举国关注、举世瞩目的中国共产党第十八次全国代表大会，圆满闭幕了。这次大会开得很成功，真正开成了一个团结的大会、胜利的大会。大会在系统总结经验的基础上确定了继续前进的方向和路线，顺利产生了新的中央领导集体，新老班子平稳交接，13亿中国人民为此高兴和自豪。正因为这样，这次大会就成为中国进入全面建成小康社会决定性阶段的一次十分重要的大会，成为关系中国今后十年顺利发展的一次十分重要的大会。

笔者认为，这里最关键的，就是党的十八大报告中强调指出的："既不走封闭僵化的老路，也不走改旗易帜的邪路"，就是要在确认社会主义初级阶段基本国情的基础上，在面对新的战略机遇期的总形势下，坚持和发展党的十一届三中全会以来的路线、方针、政策。

这也就是说，党的十八大给我们一个最鲜明的提示就是，今后十年，中国仍将坚定不移地走和平发展之路，并且努力开辟一个以进一步地从量和质两方面（尤其是从质的方面）发展中国生产力为中心、五大方面建设并举、全面建成小康社会的崭新的历史阶段。

中国经济社会发展的活力从何而来

改革开放 30 多年来，中国社会经济发展的强大活力，成为举世瞩目的重大现象。这种活力从何而来呢？这种活力来自改革开放开启的实践基础上的理论创新、制度创新、科技创新、文化创新，归根结底，是由解放思想、解放生产力而来。

21 世纪第二个十年，在全面建成小康社会决定性阶段这个新的历史起点上，作为仍未摆脱不发达状态并且处在竞争更加激烈的国际环境之中的世界最大发展中国家，我们思想解放的中心课题必定仍然是，也只能是进一步解放和发展生产力。也就是要在 30 多年改革发展成就的基础上，从量和质两方面（尤其是质的方面），实现中国生产力的新的更大飞跃。只有这样，才能真正强有力地推动我国在 21 世纪第二个十年以至整个 21 世纪上半叶实现经济社会更高水平和更大规模的发展和进步，才能真正做到持续改善民生、全面提高人民生活质量，并且妥善应对多方面可以预料和难以预料的严峻挑战。

21世纪第二个十年中国生产力发展的具体历史任务是什么呢？用一句话来说，就是基本实现工业化。说得完全一点，就是工业化、信息化、城镇化、市场化、国际化，走出一条包括农村现代化在内的中国特色新型工业化道路。

这条新型工业化道路，在我看来，新就新在它提出了两方面的基本要求：一个方面是"科技含量高、经济效益好、资源消耗低、环境污染少"。这首先就意味着按照科学发展观和生态文明的要求，各方面创新活力尤其是科技创新活力和产业创新活力的进一步解放。信息化带动包括农村现代化在内的中国特色工业化、产业升级，把各类所有制企业首先是国有企业做大做强。

另一个方面是"人力资源优势得到充分发挥"。这就意味着，要求创业活力的进一步解放。这是因为，要在我们这样十几亿人口的大国真正发挥人力资源优势，必须实现持久的充分就业，为此就势必要求放手发动创业，推动全国城乡实现各类中小企业以至微型企业的广大发展。

在以上创新活力、创业活力进一步解放的基础上，如果再联系到我们面临的几大挑战，特别是巨大规模自然灾害和国际压力的挑战，那就是还有一个承受、抵御和应对巨大风险的能力和活力的问题。关于这个问题，邓小平在1977年即已提出，1988年反复强调，江泽民和胡锦涛又先后多次加以强调。看来，现在也到了更好地抓住时机，按照增强能力和解放活力的要求，进一步认真加以对待的时候了。

我国高新技术企业的创新创业之路就是一个很好的例子。经过二十多年布局、建设和发展，特别是在经受了国际金融危机冲击之后，一大批高新技术企业承受压力，逆势上扬，国家高新区已经成为"稳增长"的重要支撑，成为结构调整和产业转型升级的中坚力量。

可以说，在新的历史起点上，当代中国进一步解放思想、解放生产力的根本要求，势必将集中到进一步解放"三个力"上来，一个是创新活力，一个是创业活力，还有一个就是承受、抵御和应对巨大风险的能力和活力。而这当然是涉及包括农业、制造业、金融业在内的国民经济一切大部门，涉及整个经济和社会发展与改革全局，以至关系到我们整个社会安定、民族团结、国家巩固和综合国力在21世纪上半叶再来一个历史性新飞跃的大问题。

以"两重性"的观点认识中国和世界

进入21世纪第二个十年，中国将会得到更快发展，世界将会得到更快发展；同时，国情、世情也更加复杂了。由此，我感到一个很值得注意的问题，就是要以"两重性"的观点观察中国和世界。

大体而言，"两重性"有两种情况。

一种情况是互为补充的关系，即互为补充的"两重性"。比如说，今后10年或更长时间，中国人民不能不面对的一项"双重使命"，就是既要通过以社会主义市场经济为取向和促进公有制为主体、多种所有制经济共同发展的经济体制改革来解放生产力、发展生产力，又要促进社会公正、走共同富裕道路。这里的复杂性在于：解放生产力、激发社会活力和效率，包括极大地鼓励创新和鼓励创业，这同促进社会公正、走共同富裕道路，两者在本质上是统一的，但在一些具体问题上又可能不尽一致甚至发生某些矛盾；两者在长远发展上是统一的，但在发展过程的一定阶段上又可能不尽一致甚至发生某些矛盾。这就要求我们，一定要在尽可能妥善处理当前问题的同时，把人们引导到理解问题的"两重性"和过程的长期性上来，做到着眼长远、立足当前、统筹兼顾、全面安排，而不要企图一蹴而就、毕其功于一役，并且避免发生这样那样的片面性。

再比如说，今后十年或更长时间，中国人民不能不面对的又一项"双重使命"，就是既要继续完成发达国家早已完成的传统工业化，又要以信息化带动工业化、城镇化、农业现代化同步发展，赶上从20世纪70年代开始并且至今方兴未艾的现代科学技术的时代潮流。这里的复杂性就在于，我们在推进改革开放和社会主义现代化建设的过程中，将会长期面对双重的历史性挑战：一是面对资本主义由18世纪中叶起到20世纪中叶这二百多年间，所实现的以大机器工业和电气化为特征的产业发展的挑战；二是面对资本主义由20世纪70年代开始而至今方兴未艾的，以信息技术、生物工程和新材料、新能源等为特征的新技术革命的挑战。这样的"双重使命"，要求我们不能仅仅复制传统发展方式下"钢铁文明""机械文明"那样水准的生产力，更不应一股劲地重复走传统发展方式下那种任由资本、技术排挤劳动和破坏环境的道路，而要把在资本、技术、劳动更好结合基础上的创新和创业活力之解放，提升到能够在我们这样一个十几亿人口的大国实现充分就业和全面、协调、可持续的水准和境界。

第二种情况是相互矛盾又可以相互转化的"两重性"。党的十八大报告中指出，"我们面临的发展机遇和风险挑战前所未有"，这实质上就是一种互相矛盾又可以相互转化的"两重性"关系。这就是说，我们在看到"机遇前所未有"的同时，不能不估量到"挑战也前所未有"。与此同时，又应该看到挑战和机遇是可以相互转化的。历史经验就证明了这一点。远的不说，在21世纪第一个十年，几乎我们的每一次战略突破，都与把重大危机转化为发展机遇密切相关。例如，成功应对1997年东亚金融危机，使中国从此成为东亚经济引擎；2001年世纪之交打破困局加入世界贸易组织，中国开始全面进入世界市场体系；成功应对美国"9·11"事件，中美之间开始构建新的战略利益汇合点；2008年台海关系转危为安，使两岸关系进入和平发展新阶段；2008年以来，成功应对国际金融危机和欧洲主权债务危机的严重冲击，中国开始进入国际体系和世界经济的核心。由此可见，危机确实蕴含着机遇。在一定条件下善于审时度势、因势利导，就能变压力为动力，化挑战为机遇。这是一条成功的历史经验。

总而言之，世界范围充满了矛盾、冲突，充满了"两重性"。但我们同时又看到，21世纪第二个十年的世界大局，不同于第一次、第二次世界大战时期，也不同于冷战时期。

一句话，总态势、总趋势仍将向好。

新的战略机遇期和中国的发展

党的十八大报告明确指出："综观国际国内大势，我国发展仍处于可以大有作为的重要战略机遇期。我们要准确判断重要战略机遇期内涵和条件的变化，全面把握机遇、沉着应对挑战，赢得主动，赢得优势，赢得未来，确保到二○二○年实现全面建成小康社会宏伟目标。"这也就是说，能否在今后十年抓住机遇，并且变压力为动力，化挑战为机遇，实现我们全面建成小康社会的宏伟目标，关键取决于我们在世界和中国发生新的大变动形势下的认识和作为。

谈到这里，笔者愿根据中国这些年来的成功实践经验，进一步提出这样一个观点：我们估量战略机遇期，当然要从把握国内国际两个大局出发，但同时又应当充分估计到，一个将持续影响世界大势的愈益重大的变量就是中国本身的发展。这就是说，在深刻影响国际经济、政治战略格局之此长彼消、此升彼降方面，中国的分量在加重，并且会越来越重。在21世纪第二个十年或更长时间里，尽管来自国际国内的压力挑战层出不穷，尽管我们面前可以预料和难以预料的困难依然众多，但是中国在发展、中国在大发展、中国还将持续大发展这一条，本身就是世界大势中的一个越来越突出、越来越重要的因素。而这又必将成为我们在21世纪第二个十年以至更长时间获得新的重要战略机遇期的根本立足点。

如果说21世纪第一个十年，中国坚定地走和平发展道路，成为世界发展的重要组成部分，中国与世界形成了共同利益的扎实基础；那么21世纪第二个十年，中国将更加坚定地走和平发展道路，而成为世界发展更加重要的一部分。中国与世界也将通过形成多方面的和多形式的利益汇合点、利益共同体，形成更加系统和更可持续发展的共同利益。这也就从根本上决定了中国与世界的关系在今后十年乃至更长时间的发展走向。

展望前景，笔者确信，一个富强、民主、繁荣、稳定的中国必将给世界带来更大的发展空间和更多机遇，必将为世界的和平与发展作出更多贡献！

全面深化改革的意义重大

学习党的十八届三中全会通过的《中共中央关于全面深化改革若干重大问题的决定》（以下简称《决定》），关键问题之一就是联系党的十一届三中全会以来的历史发展，联系国内国际两个大局，深入领会在新的历史起点上全面深化改革的重大意义。这对于我们坚定改革信心，增强改革的责任感和紧迫感至关重要。

全面深化改革的广泛性深刻性前所未有，鲜明体现了党的十一届三中全会以来历史发展的新要求

全面深化改革，是以习近平同志为核心的党中央带领全国各族人民在新的历史起点上进行的具有新的历史特点的伟大斗争。这场伟大斗争肩负的一个重要历史使命，就是确保用今后几年时间到2020年如期全面建成小康社会，进而到21世纪中叶建成富强民主文明和谐的社会主义现代化国家，实现中华民族伟大复兴的中国梦。

这无疑是中华民族伟大复兴进程中必须打赢的一场攻坚战。进入新世纪第二个十年,我国发展进入了新的阶段。这个阶段既有别于过去30多年,也与过去十年有明显不同。一方面,我国经济社会发展和综合国力迈上了一个大台阶,中华民族比近代以来历史上任何时期都更接近伟大复兴的目标,比近代以来历史上任何时期都更有信心有能力实现这个目标。另一方面,这一阶段我国经济社会发展面临的矛盾和问题也更为艰巨复杂,这些矛盾和问题躲不开绕不过,解决不好就有可能陷入中等收入陷阱。能不能保持经济社会持续健康发展,确保到2020年如期全面建成小康社会,就看我们在改革上能否迈出新的重大步伐,越过这道大坎。

面对这样一个重要历史关头,中国共产党有没有迈出新的改革重大步伐的信心、智慧、勇气,打开新的局面,广大干部群众充满期待,国际社会普遍关注。党的十八大提出了全面建成小康社会和全面深化改革"两个全面"的战略任务,党的十八届三中全会贯彻十八大精神就全面深化改革作出系统部署,充分表明了中国共产党自觉顺应人民愿望和时代要求、坚定不移推进改革的鲜明立场,充分体现了我们党勇于改革创新、不断夺取中国特色社会主义新胜利的坚定信念和巨大勇气。从这个意义上讲,党的十八届三中全会在整个改革开放和社会主义现代化建设进程中具有里程碑意义。

回顾历史,改革开放以来我们党历次三中全会都聚焦改革。党的十二届三中全会主题是以城市为重点的经济体制改革,十三届三中全会主题是深化经济体制改革特别是价格改革、企业改革，十四届三中全会主题是建立社会主义市场经济体制，十五届三中全会主题是农村改革，十六届三中全会主题是完善社会主义市场经济体制，十七届三中全会主题是新形势下推进农村改革发展。由此可见，这6次三中全会基本上都是专注于某个领域或者某个方面的改革，而且都是以经济体制改革为主。而十八届三中全会部署的全面深化改革，是以经济体制改革为重点，以协同推进经济体制、政治体制、文化体制、社会体制、生态文明体制和党的建设制度改革为主要内容的全面性、系统性、整体性改革，改革涉及的领域之多、范围之广前所未有。可以说，这是自党的十一届三中全会以来党就改革作出的最全面最系统的一次部署。正因为这样，全面改革就成为党的十八届三中全会《决定》的重大历史特点。

从现实情况看，全面深化改革需要解决的问题也远比以往更为敏感和复杂，任务更加艰巨而繁重。35年来，我国改革开放由浅入深、由易到难、逐步深化，破解了许多影响和制约发展的重大难题，但还有一系列深层次矛盾和问题尚未得到根本解决，剩下的都是难啃的硬骨头。不仅如此，随着国际国内形势深刻变化，我国发展又面临一系列新的问题和挑战。老问题新问题相互交织，国内国际因素相互影响，需要解决的问题分外艰巨，需要攻克的是体制机制上的一系列痼疾。中央提出改革进入攻坚期和深水区，就是对改革所处时代背景和现实条件的一个形象而又准确的重大判断。基于这一判断，党的十八大报告和十八届三中全会《决定》都特别提醒全党，要敢于啃硬骨头、敢于涉险滩，以更大决心和勇气冲破思想观念的束缚、冲破利益固化的藩篱，推动中国特色社会主义制度自我完善和发展。

从推进改革的方式看，全面深化改革的系统性、整体性、协同性要求更是前所未有。现阶段，随着经济建设、政治建设、文化建设、社会建设、生态文明建设的融汇不断深化，任何一个领域的改革都会影响到其他领域，需要其他领域改革的配合。不同领域的改革可以有先有后、有主有次、有快有慢，但必须统筹兼顾、协同推进，而不能各自为政、畸轻畸重。只有各方面改革相互促进，发生化学反应，产生共振效果，才能放大改革的效应。中央成立全面深化改革领导小组，负责改革总体设计、统筹协调、整体推进、督促落实，这也是党的十一届三中全会以来从未有过的重大举措。

总之，全面深化改革将成为改革开放以来中国共产党领导人民进行的最广泛、最深刻的一场变革。

全面深化改革必将带来新的重大突破，推动经济社会发展全面提升

党的十八大提出在十六大、十七大确立的全面建设小康社会目标的基础上努力实现新的要求，包括经济持续健康发展、人民民主不断扩大、文化软实力显著增强、人民生活水平全面提高、资源节约型环境友好型社会建设取得重大进展，等等。这与十六大提出的"六个更加"（即党的十六大报告提出的：我们要在本世纪头二十年，集中力量，全面建设惠及十几亿人口的更高水平的小康社会，使经济更加发展、民主更加健全、科教更加进步、

文化更加繁荣、社会更加和谐、人民生活更加殷实。）和十七大提出的"五个方面的新要求"（即党的十七大提出的：在十六大确立的全面建设小康社会目标的基础上对我国发展提出新的更高要求，包括增强发展协调性，努力实现经济又好又快发展；扩大社会主义民主，更好保障人民权益和社会公平正义；加强文化建设，明显提高全民族文明素质；加快发展社会事业，全面改善人民生活；建设生态文明，基本形成节约能源资源和保护生态环境的产业结构、增长方式、消费模式）是一脉相承的，都是为了建设惠及十几亿人口的更高水平的小康社会，使经济更加发展、民主更加健全、科教更加进步、文化更加繁荣、社会更加和谐、人民生活更加殷实。应当说，这是我国经济社会发展的全面提升。而全面提升，就要求全面深化改革。只有全面深化改革，才能在新条件下系统地解决我国经济社会发展面临的突出问题。

所谓全面提升，概括起来说，可以叫作练好"四大内功"或叫"基本功"。

一是正确处理政府和市场的关系，使市场在资源配置中起决定性作用，从而显著提高经济发展的质量和效益。总体而言，我国经济总量虽已达到世界第二，但创新创业活力不旺，大而不强的问题非常突出，经济发展的质量和效益不高是我国发展的最大短板。究其原因，一是在于经济结构、产业结构不合理，二是在于经济体制改革不到位。这就要求加快转变经济发展方式，加强创新驱动发展的动力，同时加快体制改革。而体制改革的根本一条，则是进一步正确处理政府与市场的关系，积极稳妥从广度和深度上推进市场化改革，使市场在资源配置中起决定性作用，从而推动资源配置依据市场规则、市场价格、市场竞争实现效益最大化和效率最优化，推动生产要素向优势产业、现代服务业、前瞻性战略性产业聚集。

二是通过改革加快构建城乡一体化发展体制机制，积极推进城镇化、农业现代化，完善生产力发展的区域布局。城乡、区域之间发展的不平衡是制约我国经济社会发展全面提升的又一个重大问题，突出表现在优势产业、优质生产要素主要集中在城市和东部地区，广大农村和中西部地区发展基础相对薄弱。而如果不在今后几年内从根本上扭转这种状况，就不可能真正达到全面小康。因此，只有通过改革加大实施西部大开发和中部崛起战略力度，推动更多优质生产要素和先进生产力向农村和中西部地区转移，使国民经济布局更加均衡、更加合理，才能按照邓小平提出的"两个大局"（即邓小平1988年提出的："沿海地区要加快对外开放步伐，使这个拥有两亿人口的广大地带较快地先发展起来，从而带动内地更好地发展，这是一个事关大局的问题。内地要顾全这个大局。反过来发展到一定的时候，又要求沿海拿出更多力量来帮助内地发展，这也是个大局。那时沿海也要服从这个大局。"）方针，东西并举、共同富裕。

三是通过改革，推动社会分配制度和社会保障体系建设，以利于发展成果更好地惠及全体人民。衡量一个社会的现代文明程度，不仅要看经济发展，还要看发展成果是否惠及全体人民，人民各方面权益是否得到切实保障。在迈向全面小康的决战决胜进程中，在社会生产力、综合国力大发展和坚持贯彻按劳分配原则的基础上，正确处理社会分配和社会保障问题，从而促进社会公平正义，是一件大事。在中国共产党领导下实现学有所教、劳有所得、病有所医、老有所养、住有所居，乃是全面建成小康社会必不可少的基本要求之一，也是建成富强民主文明和谐的社会主义现代化国家的题中应有之义。实际上，这也是中国几千年文明史上前人早就提出但从未真正实现的一项反映最广大人群心愿的社会理念。

四是改革社会治理体制机制，提高社会治理水平。所谓提高社会治理水平，实质包含两个方面内容，一是社会的和谐稳定，二是社会的创新创造活力。而这两方面问题，都直接关系国家治理体系和治理能力的现代化。正是围绕这两方面问题，《决定》系统提出了改进社会治理方式、激发社会组织活力、创新有效化解社会矛盾体制和健全公共安全体系的举措，同时系统提出了深化教育领域综合改革、推进文化体制机制创新及健全促进就业创业机制等重大任务。由此可见，《决定》关于社会治理体制机制改革的布局，是与整个国家制度体系和各方面体制机制的改革和完善密切联系的。正如邓小平在1992年初南方谈话中提出的，"恐怕再有三十年的时间，我们才会在各方面形成一整套更加成熟、更加定型的制度"。我理解，这里所说的"一整套"就包括更加成熟更加定型的社会治理制度体系。

总之，全面深化改革必将带来新的重大突破，推动经济社会发展全面提升。而所有这些新的重大突破，实质上都离不开我们中国特色社会主义制度的更加成熟和我们社会主义国家治理体系和治理能力的完善提高。正是在这个意义上，《决定》精辟指出："全面深化改革的总目标是完善和发展中国特色社会主义制度，推进国家治理体系和治理能力现代化。"我们学习《决定》，可以体会到《决定》通篇充满着改革精神、改革思维、改革勇气，围绕经济体制、政治体制、文化体制、社会体制、生态文明体制和党的建设制度等方面改革提出了大量新论断、新举措，在许多方面都有重大突破。正是在这个意义上，我们还应当说，《决定》本身就是"全面深化改革总目标"的生动体现。

全面深化改革的核心是"三个进一步解放"，极大增强中国特色社会主义的生机和活力

毛泽东在《论联合政府》这篇重要著作中郑重指出："中国一切政党的政策及其实践在中国人民中所表现的作用的好坏、大小，归根到底，看它对于中国人民的生产力的发展是否有帮助及其帮助之大小，看它是束缚生产力的，还是解放生产力的。"我们今天理解全面改革的重大意义，根本一条就是理解全面深化改革对于解放和发展中国人民的社会生产力的重大意义。《决定》站在坚持和发展中国特色社会主义的战略高度，坚持党的基本理论、基本路线、基本纲领、基本经验、基本要求，鲜明提出"三个进一步解放"，即进一步解放思想、解放和发展社会生产力、解放和增强社会活力。

这"三个进一步解放"是相互联系、相互促进、有机统一的。解放思想是前提，是总开关和原动力。解放和增强社会活力，是解放思想的必然结果，也是解放和发展社会生产力的重要基础。而解放和发展社会生产力，实质上就是围绕以人为本，解

放和发展人的创新活力、创业活力以及承受、抵御和应对巨大风险的能力和活力。

中国特色社会主义制度的一个重大创造，就是把社会主义制度与市场经济体制有机结合起来，既发挥社会主义制度集中力量办大事的优越性，又通过发展市场经济增强发展活力。这是我们党在探索社会主义建设规律过程中的一个伟大创举。改革开放以来，我们不断深化经济体制和其他各方面体制改革，目的就是要把社会生产力中最重要最活跃的因素即人的因素充分解放出来，把人的思想活力和创造活力充分激发出来，推动社会生产力发展，增强党和国家发展活力。当然，我们又清醒地看到，作为最大发展中国家，我国社会生产力总体发展水平还不高，发展很不平衡，先进生产方式和落后生产方式并存，要赶上发达国家还有很长的路要走，进一步解放和发展社会生产力仍是最紧迫最根本的任务。我们同时清醒地看到，当前制约社会生产力发展的因素是多方面的，有思想观念因素，也有体制机制因素，有发展基础较差问题，也有社会活力不足问题。《决定》如此鲜明强调"三个进一步解放"，归根到底就是针对这种情况而来的。

我们讲增强"三个自信"，自信从何而来？就要靠中国特色社会主义比资本主义在发展社会生产力上更有效率，在实现人民权益上更有保障，在激发全体人民的积极性主动性创造性和社会活力上更有办法，从而在竞争中赢得比较优势。强调"三个进一步解放"，也使得改革的价值取向和目标任务更加全面、更加明确，有利于进一步增强党和国家活力，体现中国特色社会主义制度优越性，增强人民对中国特色社会主义的道路自信、理论自信、制度自信。

紧紧抓住今后几年全面深化改革战略机遇，谱写中华民族伟大复兴历史新篇章

从现在起到2020年全面建成小康社会，尔后再经过30年奋斗，实现从不发达国家到中等发达国家的历史性飞跃，这无疑是近代以来中国历史上前所未有的大变动。新的大变动必然带来新觉醒，而新觉醒又必然造就新的大变动。这就要求我们的党、我们的人民、我们的国家、我们的民族，包括我们的军队，对我们的光荣传统和今天的理论、道路、制度有新的自信，在解放和发展社会生产力、推动经济社会持续健康发展上有新的自觉，在看世界上有新的眼界，从而能够抓住新条件下的新的战略机遇。

进入21世纪第二个十年，我国发展仍处于可以大有作为的重要战略机遇期。联系这种形势，党的十八届三中全会关于全面深化改革的决定的重大意义更加突出。

一是时间节点特殊。根据邓小平提出的"三步走"战略，从改革开放开始到本世纪中叶，大体是70年时间。这70年的前35年，中国共产党和中国人民干成了一番大事业，顺利实现了第一、第二步战略目标。能否如期实现第三步战略目标，那就要看后35年我们怎么干。而这后35年当中，又首先要看今后这几年，即全面建成小康社会的决战决胜阶段我们怎么干。党的十八届三中全会，正好担负起启动今后几年决战决胜伟大斗争的光荣使命。

二是思想条件具备。正因为在这样一个关键点上，全党上下和社会各方面对全面深化改革的呼声和期待非常强烈，对全面深化改革的重要性、紧迫性认识总体一致，这为统一思想、凝聚共识、形成改革合力提供了极为有利的条件。从整个社会来看，人心思安、人心思进、人心思富是主流。虽然存在这样那样的突出矛盾和问题，但没有也不可能改变中国继续向前蓬勃发展的大势。

三是改革基础扎实。改革开放35年为全面深化改革打下了坚实基础，也积累了丰富经验。我们对人类社会发展规律、社会主义建设规律、共产党执政规律的认识达到了新高度，对改革开放的方向、路径、目的之把握以及实际驾驭改革发展稳定大局的能力达到了新水平，创新活力、创业活力和抵御风险挑战能力显著提高。

四是国际环境总体有利。和平与发展仍是时代主题，而科技革命孕育新突破、社会信息化持续推进、全球合作和利益汇合点向多层次全方位拓展、新兴市场国家和发展中国家实力增强等因素，又为我国改革发展带来新机遇。当然，形势复杂，正面和负面因素相交织，这样的"两重性"将长期存在，对此我们也一定要有充分的精神准备。

五是归根到底，我们有中国共产党的坚强领导。全面改革必须加强和改善党的领导，充分发挥党总揽全局、协调各方的领导核心作用，建设学习型、服务型、创新型的马克思主义执政党，提高党的领导水平和执政能力，确保改革取得成功。以习近平同志为总书记的新一届中央领导集体高举中国特色社会主义伟大旗帜，继往开来，与时俱进，勇于冲破思想观念的束缚，勇于突破利益固化的藩篱，勇于推进理论和实践创新，这为我们伟大事业的发展提供了根本保证。

总之，党的十八届三中全会就全面深化改革作出总体部署，可说是正当其时、机遇难得。我们有信心在党的十八大总体纲领和十八届三中全会全面深化改革具体纲领指引下，打赢全面深化改革这场攻坚战，进一步打开改革开放新局面，全面建成小康社会，进而建成富强民主文明和谐的社会主义现代化国家，实现中华民族伟大复兴的中国梦。

中国道路是和平发展之路

一

　　道路问题是最根本的问题。中华民族和中国人民能有今天，我们党和人民的事业能有今天，离不开一条全新的战略道路，这就是中国特色社会主义道路。当全世界把关注的目光更加聚焦中国，当各方面人们从各自角度出发议论中国快速发展对当今世界是威胁还是机遇，而且"中国威胁论"和"中国崩溃论"均有一定市场的情况下，中国共产党和中国政府继续以鲜明的立场和态度向全世界郑重宣告：中国坚定不移走和平发展道路。

　　这是党的十八大以来，以习近平同志为总书记的中国新一届中央领导集体对国际社会关注中国走向的回应，更是中国人民对实现自身发展目标的自觉和自信。这种自觉和自信，来源于对当代中国发展目标条件的认知，来源于对当代世界发展大势的把握，也来源于中华文明的深厚渊源。

二

从根本上说，中国道路所要回答的问题，乃是中国能否通过和平发展的道路，来实现在我们这样一个人口大国"建设富强民主文明和谐的社会主义现代化国家"的问题。而这样一个问题以及中国所提出所坚持的和平发展道路，是世界近代以来一切后兴大国所从未遇到过、从未提出过、更没有实践过的独特发展道路。

应当说，中国发展战略的最重大特点，就在这里。

三

具体来说，中国的和平发展道路包含五个相互联系的基本点：

第一，中国的和平发展道路的根本立意，既是泛指需要由几代人、十几代人、几十代人的持续努力才能完成的整个中国特色社会主义建设进程所要走的道路，更是特指以20世纪70年代末实行改革开放为开端，以到21世纪中叶实现从不发达国家到中等发达国家的历史性飞跃为标志的，这样一个带有鲜明和平特征的发展阶段所要走的根本道路。

第二，中国的和平发展道路的根本目标，就实现社会主义现代化这个阶段来说，乃是要解决在这总共70来年时间内中国人的生存权、发展权、教育权等问题；就是要致力于办好我们自己的事情，老老实实地发展我们自己，并在此基础上承担我们力所能及的国际义务。这就够我们几代中国人殚精竭虑去奋斗的了。我们根本没有时间、没有精力也绝不需要去威胁任何国家、任何人。当然，在这以后中国发展起来了，仍然要始终沿着和平发展道路走下去，这也是列入"一百年不动摇"范畴的。

第三，中国的和平发展道路的根本途径，是在同经济全球化相联系而不是相脱离的进程中，在同国际社会实现互利共赢的进程中，独立自主地建设中国特色社会主义。而所谓独立自主，就是把中国发展的基点放在主要依靠自己的力量上，包括自觉地依靠自身的体制创新和文化创新，依靠自身的产业结构调整和增长方式转变，依靠国民素质的提高和科技的进步，努力解决发展中的难题。

第四，中国的和平发展道路的根本要求，是对内方针与对外方针相统一、对内和谐与对外和平相统一。就是说，中国坚持走和平发展道路，既是外交，也是内政；既是对外宣示与承诺，也是自我约束与规范。当然毫无疑问，中国这样大的国家，加强国防是天经地义的。反之，如果没有强大国防，不但中国自己很危险，而且这种情况本身就会成为整个亚太地区乃至世界大局严重动荡的重要因素。中国从1840年鸦片战争算起，若干代人直到今天的处境和心态，是深重的危机感，是争取生存权、发展权不受侵害，是谋求一要国家主权和领土完整、二要发展和现代化，而不是什么扩张，更不是什么侵略。直到20世纪50年代，毛泽东还在党的八大预备会议上说，中国如果不能把自己建设成伟大的社会主义国家，那就要从地球上开除球籍！这就是毛泽东的救亡图存和振兴发展的深刻观念。时至今日，我们也许还是应当说，如果我们不能在21世纪上半叶实现工业化，进而实现现代化，我们迟早还是要面临被开除球籍的危险。

第五，中国的和平发展道路最深刻的根本内涵，就是要在21世纪上半叶，在同当代世界各种文明相交汇中，在不断弘扬自主创新精神中，用文明的理念、文明的方式、文明的手段、文明的形象去实现中华民族的伟大复兴。可以这样讲，21世纪上半叶中国和平发展道路最深刻的根本内涵，就是在当代中国发展了的马克思主义指导下，在创造性地继承和发展自己民族优秀文明传统的同时，积极借鉴和吸收当代世界各种文明的有益成果，在自主创新中实现包括物质文明、政治文明、精神文明、社会文明、生态文明等在内的中华文明的复兴。

四

再展开一点来讨论，综观20世纪最后二十年和进入21世纪以来当代中国和当代世界的发展大势、发展主流，如果用一句话来概括，就是六个字——"大变动、新觉醒"。说完全一点，就是"以中国和平发展为主题的中国大变动、新觉醒"和"以世界和平发展为主题的世界大变动、新觉醒"。这样一种"大变动、新觉醒"，乃是一个前所未有的伟大进程。而这个进程，可以说，中国从1978年中共十一届三中全会，世界从20世纪70年代越南战争结束之后，就开始启动了。从那时到现在，不到四十年，中国和世界都发生了新的巨大变动。这样的大变动肯定还将持续下去。而这个发展大势的一个突出表现，就是包括中国在内的世界范围一大批发展中国家的共同和平发展以及发达国家的再发展。

五

当然，世界上的事情是复杂的，是由多方面因素决定的，是两重性的发展，决非只有一面。你看，围绕和平发展的大变动、新觉醒是一方面，但是继续冷战思维以至局部热战则是又一方面。蓬勃发展是一方面，一片混乱是又一方面。这是一种客观存在，形势大变动肯定还将不可避免地以"两重性"的复杂形态持续下去。

就中国的国际环境尤其是亚太形势而论，一个突出的变化就是"两条线"，即北边一条线和南边一条线。北边这条线：中国与俄罗斯的关系发展了，中国同中亚的关系发展了，上合组织发展了，中国同欧洲的关系也发展了（北线当然还有很多问题，包括恐怖主义、"三股势力"，有什么办法呢？只能认真对付，并且准备长期对付）。再看南边一条线，却是很麻烦的一条线，而根本的问题在于美国"重返亚太"。这就是以美国同日本的军事同盟为依托为所谓"基石"，并且以解禁日本"集体自卫权"为抓手的"重返亚太"。

但是南线的事情也有另一方面。这就是举世瞩目的"一带一路"在发展，就是陆上、海上"丝绸之路"在发展，就是经济的、贸易的、金融的、科技的、教育的合作为相关各国所欢迎，就是"利益汇合点"基础上的利益共同体成为大趋势，而且可能真正成为主流。再加上中美"新型大国关系"的可能形成和可能发展。凡此种种，难道不是反映了和可能反映"大变动、新觉醒"？历史将有力地证明，有这种"新觉醒"还是没有这种"新

中国道路是和平发展之路 /

145

觉醒",结果大不同。有这种"新觉醒",努力去做,那就意味着富裕、繁荣、发展,亚太前景将越来越好。反之,如果任由军事同盟横行,任由军国主义复活,那可是死路一条!

这也可以叫作"两种亚太之命运"吧。

六

总而言之,对于中国特色社会主义道路以及世界和亚太进入21世纪第二个十年以来形势变化的估量,使我们确信光明在前,确信中国和平发展道路和世界及亚太和平发展道路必定能够排除这样那样的干扰,成为历史发展的重心。真正的大文章还在前面。

赶上时代和中国共产党

（一）

要读懂中国的发展战略，离不开读懂中国共产党。这是因为，中国特色社会主义最本质的特征就是中国共产党的领导。

今天的中国共产党，一个鲜明重大的特点和优点就是同以和平与发展为主题的时代相联系，而不是相脱离。邓小平有句名言："我们要赶上时代，这是改革要达到的目的。"

（二）

中国共产党成立于1921年，至今已近百年。今天的中国共产党，不仅将在其创党百年即2021年之际，在中国全面建成小康社会，而且还矢志到新中国成立百年即到2049年，引领中国基本实现现代化。这就是中国人通常所说的"两个一百年"。

围绕"两个一百年"，我们首先来看看5项数据。一是中国共产党党员人数，由1921年的50多名发展到今天的8700多万名。二是中国共产党领导中国人民干了28年革命（包括21年武装斗争），建立了中华人民共和国。三是又经过新中国成立后66年尤其是改革开放37年的加快发展，中国经济总量排名世界第二，再有5年就将实现包括工业化的"全面建成小康社会"目标。四是无论人均国内生产总值水平、科技教育水平、社会治理水平还是生态水平，中国还要再经过35年才能达到基本现代化。五是即便到那时，尽管国内生产总值总量可能相当于甚至超过美国，但是人均国内生产总值只能达到世界中等水平，中国还只能算中等发达国家。

这就叫作"一分为二"——"赶上时代"问题上的"一分为二"。

（三）

那么，中国共产党这个将近百年的老党是怎样走过来的呢？这要先看百年之内中国共产党所经历的两次根本性考验和两次根本性应对。

近代以来，西方列强（包括日本）一巴掌把封建腐朽的中国打进万丈深渊，中华民族面对生死存亡的严峻考验。从1840年鸦片战争，直到1931年开始的长达14年日本侵占中国大片领土的战争，总共大约百年的战争啊！

严峻考验逼出了中国革命。中国共产党应运而生，领导中国人民以革命战争反对各种反动势力强加的战争，并最终取得胜利。中国共产党领导的中华人民共和国的成立，为中国社会主义基本制度的建立，为中国社会的改造和生产力的发展打开了大门。这就叫作考验转化为机遇——"战争和革命"为主题的时代大考验，转化为中国人站起来的大机遇。这是第一次根本性考验和第一次根本性应对。

到了20世纪70年代后期，世界范围的新科技革命和新一轮经济全球化浪潮兴起，加上越南战争和阿富汗战争以后的国际变局，对中国来说，这又构成和平条件下另一种形态的严峻考验。

新形态考验又逼出了中国的改革开放。从1978年开始的改革开放，在中国被称为"第二次革命"。由此启动了直到今天且将继续推进的、以中国特色社会主义为旗帜的全面改革和社会生产力前所未有的巨大发展。这就叫作新考验转化为新机遇——"和平与发展"为主题的时代大考验，转化为中国大发展的大机遇。这是第二次根本性考验和第二次根本性应对。

第一次根本性应对，走出了一条不同于俄国十月革命道路的、以农村包围城市的中国特色革命道路。第二次根本性应对，走出了一条不同于计划经济和阶级斗争为纲模式的、中国特色社会主义的全新战略道路。

（四）

再展开一点，看一看中国共产党将近百年之路的曲折历程。以最概括的方式来表达，就是百年之路"两大段"，走了"两个'之'字形"。

所谓"两大段"，即前段28年，民主主义革命阶段；后段66年，中华人民共和国成立后的革命、建设和改革开放新时期。

所谓"两个'之'字形"，前一个是指28年民主革命时期所走过的有如"之"字的曲折道路。初期6年比较顺利，国共合作进行打倒北洋军阀的北伐战争；中期10年国民党叛变，共产党发生"左"倾错误，中国革命遭遇严重挫折；后期12年走上正轨，经过抗日战争和全国解放战争，建立了中华人民共和国。后一个是指中华人民共和国成立至今66年所走过的有如"之"字的曲折道路。新中国成立后头7年，生产资料所有制社会主义改造比较顺利；中期22年，社会主义建设取得重大成就，但"左"倾思想抬头，最终演变成"文化大革命"那样长达10年的全局性错误；后期改革开放，至今37年，走出了一条中国特色社会主义的全新战略道路：一是坚持以发展生产力为中心，实行改革开放，发展社会主义市场经济；二是坚持社会主义基本制度，推进国家治理现代化；三是坚持独立自主而又与经济全球化相联系；四是坚持和平发展。

（五）

回过头来看，中国共产党在将近百年里经历的两次根本性考验、根本性应对和"两个'之'字形"，这当中一个贯穿全部历史进程的主题和要害就是通过应对考验、抓住机遇而"赶上时代"。只有"赶上时代"才能"救中国"，只有"赶上时代"才能"发展中国"。

即便到了今天，如果中国共产党不能在新的时代条件下领导中国"赶上时代"——基本实现现代化，那就依然不能自立于世界民族之林，依然会被"开除球籍"！这个"开除球籍"的警语，是毛泽东在1956年尖锐提出的。

党的十八届五中全会审议通过的"十三五"规划建议，提出了创新、协调、绿色、开放、共享五大发展新理念。习近平总书记强调，要直接奔着当下的问题去，体现出鲜明的问题导向，以发展理念转变引领发展方式转变，以发展方式转变推动发展质量和效益提升，为"十三五"时期我国经济社会发展指好道、领好航。这鲜明体现了中国共产党在今后5年全面建成小康社会进程中"赶上时代"的价值追求。

还应当说，"赶上时代"这个大命题，不仅贯穿中国共产党即将走过的一百年，而且将在整个社会主义初级阶段决定中国共产党人的使命感和价值追求。这同时也就表明，中国共产党不是为一时之计而立党，更不是为一己之私而立党。

（六）

党要领导人民赶上时代，党的自身建设也要赶上时代。今天中国共产党自身建设理念的发展，根本一条就是伴随由革命到执政的转变而不断地赶上时代。

作为执政党，根本要求是发展党内民主、坚持依法执政，同时党要依法（包括国法和严于国法的党内法规）从严治党。这一点，十八大以来得到突出强调和体现。正如习近平总书记所说：

"打铁还需自身硬"。十八大以来从严治党,"把权力关进制度的笼子里",迎来了治国理政新阶段,提升了中国共产党"赶上时代"的能力和品质。这里尤其值得注意的是,中国共产党在反腐败斗争中所表现的自己起来揭露和消除本身阴暗面的气魄,以及与此同时坚持正确方向的定力。

（七）

百年考验和百年奋斗,表明中国共产党是世界政党史和国际共运史上一个很独特的伟大政党。这可以举出四条。

一是中国共产党不是在和平环境下成长起来的政党,而是领导最广大中国人民,经过人民革命战争血与火的考验而取得全国政权,并长期执政的世界最大政党。

二是中国共产党不是立党为私、松懈散漫的政党,而是既有严密组织纪律,又有广泛群众性的先进政党。中国共产党郑重申明,自己既是中国工人阶级的先锋队,又是中国人民和中华民族的先锋队。

三是中国共产党不是打着"世界革命"旗号搞霸权主义的政党,而是努力寻求与其他国家的利益汇合点,带领中国走和平发展道路,并同一大批发展中国家共同和平发展的政党。

四是中国共产党不是故步自封、僵化怠惰的政党,而是立足于社会主义初级阶段实际,自觉赶上时代的,学习型、服务型、创新型政党。党以马克思主义为指导,但不把马克思主义当作教条,而是致力于马克思主义中国化,根据实际大胆讲"老祖宗没有说过的话",同时努力学习借鉴人类文明一切有益成果。从毛泽东思想到邓小平理论,再到以邓小平理论为开端的整个中国特色社会主义理论体系,都是如此。理论、路线上与时俱进,组织队伍上吸纳各界英才,执政方式上改革创新,正成为中国共产党的鲜明风格。

(八)

前进道路依然漫长,各方面挑战依然严峻,中国共产党注定将在"不变"与"变"的统一中,在"赶上"与"超越"的统一中,"赶上时代"。

中国共产党全心全意为人民服务的根本宗旨,解放思想、实事求是的思想路线,建设中国特色社会主义的基本理论和基本路线,这几条不会变也不能变。但与此同时,一系列思想观念、工作思路、治理体系等,又必须因应形势发展而不断进行必要的"变"。这样的"变"正是为了更强有力地体现根本宗旨、思想路线、基本理论和基本路线的"不变"。

同样道理,不断改革创新发展是"赶上时代"的根本要求,而这本身就意味着一定要努力奋进到时代前列,那也就是超越。

以改革和发展而论,把市场在资源配置中的作用由"基础性"提升到"决定性",进一步处理好政府和市场的关系,把投资拉动型经济转向创新驱动型经济,把城乡二元结构转变为城乡一体化等,都是"不变"中的"变"。尤其是中国提出"一带一路"建设的倡议和建立亚投行等举措,是对外开放基本国策的升级版。

以国家治理体系的创新而论，包括调整党政关系、扩大党内民主、健全人民代表大会制度和社会主义协商民主制度等，都是为了建立现代化的国家治理体系，而这也即是中国特色社会主义政治制度的完善。

至于某种舆论，说只有多党竞争才算民主，只有搞这样的民主才有资格搞现代化，中国人的经验不能认同这一点。中国人记忆犹新，民国初期（1913 年）就搞过 300 多个所谓"政党"，还"选举"出了袁世凯这个反动总统，他后来又复辟帝制，做了 83 天的短命皇帝。所以，今天还在世界某些地区大肆玩弄并造成严重后果的那种把戏，中国人一百多年前就领教过了！当代中国，走的是另外一条民主之路。中国共产党是执政党，八个民主党派是参政党，还有日益发展完善、生动活跃的选举制和协商制这样两种制度，并且民主与法治相结合。这也是中国特色社会主义的有益实践。

归根到底，走自己的路，依靠改革创新和后发优势而进到时代前列，赶上与超越相统一，从而实现中华民族伟大复兴的中国梦，才是真正意义的"赶上时代"。

（九）

最后一点："读懂中国"和"读懂世界"。两个"读懂"，无论对中国，还是对世界，都要一分为二。

对世界，有我们要学习借鉴的人类文明成果，也有我们要认真汲取的教训。看看当前世界某些地区，种种乱局给国家命运和人民生活带来何等严重的后果，实在应当引以为戒。和平与发展仍然是时代主题，但天下并不太平，国家主权和安全无疑应当始终放在第一位。

对中国，改革开放30多年的成功经验要珍惜，全面建成小康社会决胜阶段前途光明，但困难不可低估。今天中国人均国内生产总值仅相当于全球平均水平的2/3、美国的1/7，在世界居于第八十位左右。至于科技水平、国民素质、民主法治和生态环境建设等方面的社会发展和社会改造，更是任重道远。

这就要求中国共产党和全体中国人民更加努力奋斗，并且更加清醒、更加谦虚。同时，期望国际社会理解和尊重中国人的这种努力和愿望。

如果国际朋友能以这样的视角来"读懂中国"，更深入地理解中国共产党和中国人民；与此同时，中国共产党和中国人民也更深入地"读懂世界"，更好地"赶上时代"，则中国幸甚！世界幸甚！

中华民族文明传统和中国共产党

要了解中国共产党为什么能够使中华文明焕发出新的蓬勃生机，首先就要了解中国共产党的根本性质，了解中国共产党和中华民族是什么关系

中国共产党是一个什么样的党？《中国共产党章程》这样说："中国共产党是中国工人阶级的先锋队，同时是中国人民和中华民族的先锋队，是中国特色社会主义事业的领导核心，代表中国先进生产力的发展要求，代表中国先进文化的前进方向，代表中国最广大人民的根本利益。"这就叫作"两个先锋队"的定性。

实际上，这是中国共产党关于自身性质一以贯之的深刻观念。早在1935年12月，中共中央政治局就已经明确强调"中国共产党是中国无产阶级的先锋队""同时中国共产党又是全民族的先锋队"。这也就是说，中国共产党作为"共产党"，是工人阶级的先锋队；同时，中国共产党又是"中国"的共产党，因而又是中国人民和中华民族的先锋队。

这样以"两个先锋队"来规定自身性质的党，在国际共产主义运动中前所未有，在世界政党史上举世无双。

"两个先锋队"，鲜明而集中地表达了具有中国共产党人特色的立场、观点、方法，鲜明而集中地表达了中国共产党区别于近代以来中国其他一切政党的本质特点，鲜明而集中地表达了中国共产党的"根"和"魂"。

请看吧，中国共产党正是在中华民族救亡图存的时代大潮和历史背景下诞生的。我们常讲，中国共产党是马克思列宁主义和中国工人运动相结合的产物。在中国，无论是马克思列宁主义的传入，还是中国工人阶级登上历史舞台，都是为了拯救民族危亡。中国共产党在民族救亡的时代大潮中应运而生，从立党第一天起就是为民族解放而奋斗的先锋队。

请看吧，创党时期的中国共产党人，无论是李大钊、陈独秀，还是毛泽东、周恩来，都深受中华民族文明传统的熏陶，有着强烈的爱国情怀。他们向西方寻求真理也是为了救国救民，而当他们从爱国主义走上共产主义道路并创建中国共产党后，依然是伟大的爱国主义者。这样的爱国情怀，在中国共产党人中已经成为不可动摇的伟大传统。正如毛泽东所深情指出的那样，中国共产党人，是"伟大中华民族的一部分而与这个民族血肉相连"。

请看吧，中国共产党在领导革命、建设和改革的各个历史时期制定的救国、兴国、强国的政治路线，都贯穿着"中华民族伟大复兴"这同一个主题。这些政治路线集中体现了这个党是一个敢于为民族担当又善于为民族担当，能够扭转中华民族历史命运、引领中华民族持续走向繁荣富强的先锋队。

再请看吧，1840年鸦片战争之后的中国，在有如大浪淘沙的民族民主革命运动中，封建复古派不行了，西化派不行了，依靠西方实行半殖民地半封建统治不行了，还有中国共产党党内把马克思主义教条化的那一套也不行了。只有作为"两个先锋队"，以中国化马克思主义武装起来的中国共产党人，才能够真正救中国。这是中国人民基于长期救国斗争反复检验而作出的历史抉择。这也是基于近代以来中国各派政治势力反复较量的结果而得出的总结论。

也正因为这样，中国共产党才能在长达96年的革命、建设和改革各个时期，真正从国内大局和国际大局这两个大局出发，从国家、民族、人民的大义出发，无论挑战何等巨大、局势何等复杂，甚至错误和曲折也不在少数，终归能够以大无畏的革命气概，赶上时代而又继承传统，作出爱国主义和共产主义相结合的伟大业绩。

历史事实就是这样：不赶上时代，只能落后挨打；不继承传统，只能丧失根基；不在中国大地落地生根，一切无从谈起。这也即是毛泽东所说的，"如果不懂得从改造中国中去认识中国，又从认识中国中去改造中国，就不是一个好的中国的马克思主义者"。

96年走过来，这里就有我们党已经正式作出明确结论的马克思主义中国化的两大理论成果：毛泽东思想和以邓小平理论为开启的中国特色社会主义理论体系。

马克思主义中国化的第一大理论成果——毛泽东思想，指引中国共产党在继承传统中带领中国人民赶上时代。结果是，中国人站起来了，成立了新中国，建立了社会主义制度。

马克思主义中国化的第二大理论成果——以邓小平理论为开启的中国特色社会主义理论体系，指引中国共产党在继承传统中带领中国人民赶上时代。结果是，中国人富起来了，经济总量上升为世界第二，社会主义制度历经各种艰巨挑战而不断完善、更加强大。

中国特色社会主义还在继续实践当中，马克思主义中国化还在继续深化当中。党的十八大以来，以习近平同志为核心的党中央以坚持把中国特色社会主义这篇大文章写下去的高度自觉，在改革发展稳定、内政外交国防、治党治国治军等各个方面，创造性地形成了治国理政新理念新思想新战略，丰富和发展了中国特色社会主义理论体系。

专就"继承传统"而论，中国共产党在推进马克思主义中国化的伟大进程中，又是怎样从党的思想路线和政治路线高度来继承中华民族文明传统的呢

我们强调"从党的思想路线和政治路线高度来继承中华民族文明传统"，即是说，不是着重于领导者的个人学识修养，不是着重于学术各家各派，也不是仅限于文化领域，而是着重从中国共产党在各个时期的思想路线和政治路线的高度，紧密联系成功经验和失败教训，包括紧密联系经过失败之反思而后达到成功的曲折历史进程，来看党是怎样继承中华民族文明传统的。

基本的事实，来自中国共产党的历史实践，主要有以下十六点。

第一，中国共产党突破国际共运的常规，高举起"是中国工人阶级的先锋队，同时是中国人民和中华民族的先锋队"的伟大旗帜，明确宣告自己在当今时代的历史使命就是实现中华民族的伟大复兴，就是实现中华文明的伟大复兴。这一条，贯通于96年来具有中国共产党人特色的全部立场、观点、方法，贯通于中国共产党的全部奋斗历程。

第二，中国共产党对于中华民族文明传统的总态度总方针，就是毛泽东的著名论断：一是充分肯定"我们这个民族有数千年的历史，有它的特点，有它的许多珍贵品"。二是明确强调"从孔夫子到孙中山，我们应当给以总结，承继这一份珍贵的遗产"。三是郑重提出"学习我们的历史遗产，用马克思主义的方法给以批判的总结，是我们学习的另一任务"。正是根据这个总态度总方针，还在艰苦的战争年代，中国共产党就组织发表了一系列用马克思主义观点研究中国传统文化的成果，既回击了"共产主义不合中国国情"等反共叫嚣，又在民族救亡的斗争中"发展民族新文化提高民族自信心"，并推进了马克思主义中国化。

第三，对于直接催生了中国共产党的1919年五四运动，中国共产党郑重确认这个"反帝反封建的爱国运动"乃是中国由旧民主主义革命到新民主主义革命的伟大转折点。中国共产党分析了五四运动的功绩和不足，继承了这个运动的"生动活泼的，前进的，革命的"主流，并且以此强有力地推进了党对自身党风学风的改造和人民大革命。

第四，中国共产党之所以能够开辟出一条以农村为主要阵地，以农民为主力军，以农村包围城市，最终夺取全国政权的胜利道路，当然也是同认真体察中国国情和中国历代农民战争的历史经验分不开的。

第五，中国共产党的军事思想，包括党领导的人民游击战争的战略地位，抗日战争作为持久战由防御到相持再到反攻的战略道路，以及全国解放战争时期战略决战思想的伟大实践，都离不开对中国历代军事思想和军事斗争包括农民战争经验教训的把握。中国古代军事思想是中国共产党军事思想的重要来源。

第六，成功地运用统一战线，是中国共产党的又一项基本历史经验。中国共产党的统一战线思想，不仅来自历史唯物主义阶级分析方法和马克思主义的策略思想，还来自中华民族自古以来就深入人心的"大义为重""和而不同""求同存异"等宝贵思想。

第七，在党的建设问题上，中国共产党首先注重的是思想路线，是"实事求是"，并给"实事求是"这样的中国古代成语赋予马克思主义认识论的新意。延安整风时期为克服教条主义而提出的"古今中外法"（研究历史、研究现状、研究国际经验和马克思主义理论），成为中国共产党人必须遵循的科学态度和基本方法。与此同时，中国共产党又以"惩前毖后、治病救人"和"团结、批评、团结"这样的中国特色语言作为党内政治生活准则，也是国际共产主义运动从未有过的。

第八，"为人民服务"和"群众路线"，是中国共产党长期坚持的、已为中国人民所家喻户晓的根本宗旨和工作路线。这同中国自古就有的"民贵君轻""民惟邦本"和"夫君者舟也，人者水也。水可载舟，亦可覆舟"等道理是一脉相承的。

第九，"人是要有一点精神的。"中国共产党在长期的革命进程中形成了井冈山精神、长征精神、延安精神、西柏坡精神等一系列崇高精神。这些精神，从根本上说，来自党和人民奋斗的实践，同时也来自中华民族优良的文明传统。中国共产党的革命精神内在地包含着中华民族的精神之光。

第十，新中国成立前夕毛泽东提出的"进京赶考"，以及把郭沫若所写的关于李自成打进北京后腐败垮台的《甲申三百年祭》作为整风文件，已成为几代中国共产党人面对历史新考验之自我警醒的箴言。

第十一，"统筹兼顾"与正确区分和处理两类不同性质的矛盾，是中国共产党执政后处理复杂社会矛盾的基本方针。这是具有中国人"兼容"思想的治国方针。毛泽东说："这是一个什么方针呢？就是调动一切积极力量，为了建设社会主义。这是一个战略方针。"

第十二，中国共产党在20世纪50年代作为学术文化指导方针提出的"百花齐放、百家争鸣"，以直接引用春秋战国时期"百家争鸣"提法的方式，强调发扬中华民族文明传统中思想活跃、兼容并包的重大特色，在中国共产党人和中国人民中起了巨大而深远的解放作用。

第十三，启动了马克思主义中国化第二次飞跃的党的十一届三中全会和十一届六中全会通过《关于建国以来党的若干历史问题的决议》，仍然以"解放思想、实事求是"作为贯通全局的主题。经过党的十一届三中全会，以邓小平同志为代表的中国共产党人重新确立了"实事求是"的思想路线，制定了以经济建设为中心、坚持四项基本原则和坚持改革开放的"一个中心、两个基本点"的基本路线。

第十四，中国古人把"小康"作为与"大同"相对应的社会理想，"小康"在中国共产党关于当代中国到21世纪中叶实现社会主义现代化的科学布局中得到强有力的升华。这就是确认在"解决温饱"后，将经过"进入小康"和"全面小康"两个阶段，而后再经过30年努力奋斗达到"社会主义现代化"。当前中国的现实生动表明，"全面小康"和"社会主义现代化"的目标受到全国人民的热烈赞同和企盼，为凝聚全党全社会共识发挥了历史性巨大作用。

第十五，实现中华民族伟大复兴，这是一个把中华民族的过去、现在和未来如此紧密又如此生动地联结在一起的追求，是中华民族近代以来最伟大的梦想。这个中国梦，是中国共产党"两个先锋队"性质的充分体现，是中国共产党引领中华民族"继承传统"又"赶上时代"双重使命的生动反映，是多少代中国人和中国共产党人爱国情怀和文化自信的最集中表达。

第十六，最后，还必须如实指明的一点，是关于中国共产党96年战斗历程中的错误和曲折。96年走过来，我们这个党多灾多难，但我们这个党又有一个长处，就是能够自己起来纠正自己的错误，并从错误中吸取教训，从错误中翻身，进而取得更大的进步。96年的历史，不就是这样走过来的吗？冷静反思，这种情况，首先当然是同党坚持"两个先锋队"的根本性质和立党为公、执政为民的根本原则分不开，同党在中国人民中间的长期深刻影响分不开，同党的机制和党的奋斗精神、经验积累特别是自觉整风传统分不开。但与此同时，不能不说这也反映出中华民族

"以史为鉴""知错能改，善莫大焉"的深刻文化影响。

以上十六点，并不完全，但仅就这十六点，可以大体反映出中国共产党是怎样从思想路线和政治路线的高度来继承中华民族文明传统的。这种继承是全局性的，而不局限于文化领域。这种继承又是贯穿于革命、建设和改革全过程的，而不局限于新中国成立以后。这就是以"十六点"重大列举的方式所要表达的作为"两个先锋队"的中国共产党同中华民族文明传统的关系，所要表达的中国共产党的"根"和"魂"的历史由来和发展。

对社会治理的一点思考

一般地说，国家安全有对外和对内两个侧面，对内这个侧面同社会治理息息相关。无论古今中外，"兴衰"同"治乱"总是密不可分地联结在一起。"兴衰"就是"国家安全"，"治乱"则是"社会治理"。

社会治理是关乎
国家安全的一项真正的内功、基本功

21世纪上半叶，中国正经历工业化、城市化、市场化、信息化、国际化这样全新的社会大变动。在这样的特殊历史条件下，国家安全同社会治理的关系问题，又以种种更加复杂的形式凸现出来。

我们面对的一方面是发展和改革的新要求层出不穷，又一方面则是反映社会矛盾激化的种种社会问题大量涌现。这两方面情况一齐逼到眼前。再加上还有"三个交织"——国外境外因素和国内境内因素相交织、传统安全问题和非传统安全问题相交织以及网上动向和网下动向相交织。

在这样的情况下，国家安全和社会治理二者关系密不可分，前者在很大程度上依赖于后者，这是一个值得高度关注的大问题。应当说，社会治理乃是国家安全不可或缺的一项真正的"内功"，真正的"基本功"。

新中国成立60年 社会治理的历史经验和两大段历史进程

所谓"社会治理"，说到底是"对人的治理"。

当前我国"对人的治理"的一个最突出、最重大的新情况，就是十三亿人口中的相当一部分，作为求职、求富的人群，正在地区间、城乡间、行业间以多种方式和巨大规模流动起来。

那么，这样的具有时代全新特点的"人的流动"，究竟从何而来呢？要回答这个问题，首先就需要回溯一下新中国成立以来的相关历史进程。

应当如实地说，正是在这个"人的流动"问题上，新中国成立60年中，是经历了重大转折的。大体而言，经历了前30年和后30年两大段。前30年，特点是四个字："组织起来"；后30年，特点也是四个字："活跃起来"。

先说前30年。就在新中国成立前一天，1949年9月30日，毛泽东在《中国人民大团结万岁》这篇宣言中郑重宣告："全国同胞们，我们应当进一步组织起来。我们应当将全中国绝大多数人组织在政治、军事、经济、文化及其他各种组织里，克服旧中国散漫无组织的状态。"应当说，从那时起直到"文革"前，我们国家真正是这样做了，而且做到了大约把全中国百分之九十几的人口都组织在"公"字号的各种组织当中，即人们现在常说的"体制内"。这是毛泽东治国理政的一项大战略，本身即是一项巨大社会治理工程，对于国家安全和社会稳定曾起到重大保障作用。

但是，我们又不能不看到，这样的"组织起来"，是在计划经济体制基础之上，是在城乡二元结构和后来的农村人民公社化基础之上，因而又不可避免地越来越走向反面，起到束缚活力——束缚社会生产力发展和解放的僵化作用。别的且不论，只就农民来说，八亿农民束缚在有限的耕地上，农村没有出路，中国没有出路！

再看后30年。从1979年起，我们党实行拨乱反正和改革开放的战略转变。这个转变的最重大特征之一，就是使中国活跃起来。1987年5月12日，邓小平在一次谈话中这样说："中国真正活跃起来，真正集中力量做人民所希望做的事情，还是在1978年底党的十一届三中全会以后。"情况正是这样。随着改革开放，随着社会主义市场经济的发展和农村人民公社的废除以及多种经济成分的发展，数以亿计的农民工进城务工、国企职工下岗分流、出国留学的高潮不断掀起，"人的流动"就成为当代中国一个突出的重大现象。

具体来说，这种巨大规模的"人的流动"，这种持续至今的"中国真正活跃起来"，正是由改革开放和社会主义市场经济开辟了广阔空间，随着经济社会成分、组织形式、就业方式、利益关系和分配方式发生重大变化，大量原属"公"字号单位管理的"单位人"，脱离原工作单位（含村镇）而自由地流入社会，自谋职业或以各种手段谋生，从而成为"社会人"而来的。

除了巨大规模的"人的流动"之外，还有异常活跃的"金流""物流""信息流"和"意识（思潮）流"，总共"五流"。而这"五流"，又是在工业化、城市化、市场化、信息化、国际化这"五化"的全新历史背景之下，形成了当代中国的一个大趋势，一个深刻影响当代中国社会生产力发展和社会生活各个方面，以致影响人们社会风习和心理状态的大趋势。

必须充分肯定，这样的"人的流动"，这样的当代中国社会生产力发展和社会发展大趋势，正是中国在新时期真正活跃起来的一个突出表征，而且其本身还启动和催生新的活力和动力。试看今天中国大地，东南西北的建设热潮，就可以明白一条新的道理：这样的"人的流动"，其真正的本质，乃是"生产力要素的巨大流动"！具有这样改革开放历史特点又如此巨大规模的"人的流动"——"生产力要素流动"，在中国历史和世界历史上都还不曾有过，可以当之无愧地叫作"史无前例"，叫作"举世无双"，还应当叫作"方兴未艾"。

但是，我们又必须清醒看到，这样的"人的流动"必然带来种种矛盾，种种不协调，种种失序、失范、失衡，以致种种阴暗东西沉渣泛起。凡此一切，又正是今天社会治理问题上种种难点之最后原因所在。由此而来的，就是深刻的历史转折、社会变革对传统的"人口管理模式"，以致对整个传统的社会治理模式，提出了前所未有的重大挑战。别的且不论，只就我们基层社会治理问题来说，只靠派出所和居（村）委会这两大手段的状况，恐怕是难以为继了。

关于社会治理的总战略和前景展望

党的十七大郑重提出的科学发展观和"构建社会主义和谐社会"，实际上也是我们党在当代中国社会治理问题上的总战略。就是要努力建设一个"全体社会成员各尽其能、各得其所而又和谐相处"的，以"民主法治、公平正义、诚信友爱、充满活力、安定有序、人与自然和谐相处"为基本特征的"社会主义和谐社会"。

这个集中的表达，不仅要求进一步澄清过去在社会主义条件下仍然强调"阶级斗争为纲"而来的某些深层次思维定式和积习，而且要求在社会治理问题上，进一步形成适应新世纪新阶段构建"社会主义和谐社会"的，一整套新的具体方针、政策、制度、办法，以及新的队伍和新的作风。同时，这个表达，也十分明确地反映了社会治理与民主法制的关系。社会治理离不开民主法制建设。而作为社会治理重要任务和基本特征之一的民主法制建设，又不可能脱离经济社会发展的实际水平，不可能脱离我国发展不平衡的实际状况，不可能脱离民生建设的实际需要。这一项大工程，是当代中国在新世纪新阶段的社会治理大工程！

如前所述，新中国成立后的第一个三十年，毛泽东提出的"组织起来"，曾经是真正做到了（后期走向反面）；新中国成立后的第二个三十年，邓小平提出的"活跃起来"，也是真正做到了，并且至今方兴未艾（同时不可避免地存在种种失序、失范、失衡现象）。从党的十七大提出"和谐社会"建设任务算起，到党的十八大召开时，我们用了五年时间，在社会治理方面已经初见成效。接下来的任务，就是到2020年，即全面建设小康社会目标基本实现之日，在社会治理方面能够大见成效。也就是说，社会治理方面的一整套新的具体方针、政策、制度、办法和新的队伍建设、作风建设能够相应大体定型，并且大见成效。做到这一点，那就是一个新的、了不起的伟大胜利。

我认为，到那时，我们就可以说，我们这个总人口接近十五亿的大国的社会治理，是在工业化、城市化、市场化、信息化、国际化这样全新社会大变动达到新水平的历史进程中，在不动摇地坚持发展社会生产力这个中心的牢靠物质基础上，在经历了新中国成立后30年"组织起来"、改革开放30年"活跃起来"之后，真正开辟了一个"更加有序，又更加活跃，总之更加和谐起来"的崭新阶段。

总而言之，面对今日"天下大势"，面对这样一个时代新关节，我们国家应当有以善处，首先是善处自己。而善处自己的根本立足点，就是进一步练好"内功"。良好的社会治理，正是不可或缺的一项真正的"内功"，真正的"基本功"。我坚定相信，在中国共产党和中国特色社会主义理论体系指引下，我们一定能够办好这件大事，办好这件其重大深远意义现在可能还难以充分估量的大事。

继承传统和赶上时代相结合

党的十八大以来，中国共产党又是怎样从新的历史起点出发，围绕实现中华民族伟大复兴的中国梦，把"继承传统"和"赶上时代"更加紧密地结合起来的呢

党的十八大以来，由党的十一届三中全会开启的伟大的思想解放运动进入新的历史阶段。以习近平同志为核心的党中央在继续推进中国特色社会主义事业伟大征程中，在新的思想解放中把对中华民族文明传统的继承和创新提到新的高度。应当说，短短四年，"赶上时代"有重大发展，"继承传统"也有重大发展。

这里着重就党的十八大以来围绕治国理政提出的十项重大方针，看党中央"继承传统"这一指导理念的突出发展。

第一，关于中国特色社会主义与中华民族文明传统。习近平总书记多次强调："一个民族、一个国家，必须知道自己是谁，是从哪里来的，要到哪里去，想明白了、想对了，就要坚定不移朝着目标前进。"他指出，中国特色社会主义道路不仅是在改革

开放30多年伟大实践、新中国成立60多年持续探索和对近代以来170多年中华民族发展历程的深刻总结中走出来的，而且是在对中华民族5000多年悠久文明的传承中走出来的。实现"两个一百年"奋斗目标和中华民族伟大复兴中国梦，既深深体现了今天中国人的理想，也深深反映了先人们不懈追求进步的光荣传统。

第二，关于"四个全面"战略布局与中华民族文明传统。党的十八大以来，党中央形成和完善了"四个全面"战略布局，要求全党围绕全面建成小康社会这个战略目标，在全面深化改革、全面依法治国和全面从严治党进程中，完善和发展中国特色社会主义制度，推进国家治理体系和治理能力现代化。习近平总书记指出，一个国家选择什么样的治理体系，是由这个国家的历史传承、文化传统、经济社会发展水平决定的，是由这个国家的人民决定的。他还带领中央政治局的同志学习中国历史上的治国理政经验，为推进国家治理体系和治理能力现代化提供有益借鉴。

第三，关于新发展理念与中华民族文明传统。为破解经济发展新常态下的种种挑战，党中央强调要主动适应新常态、把握新常态、引领新常态，提出了创新、协调、绿色、开放、共享的新发展理念。新发展理念，针对的是经济发展新常态及其提出的时代课题，反映的是经济社会发展的客观规律，同时贯穿着中华民族"自强不息"、"厚德载物"、"苟日新、日日新、又日新"、"尚和合"、不能"竭泽而渔"等文明传统。

第四，关于社会主义民主政治与中华民族文明传统。习近平总书记指出，健全社会主义协商民主制度是"我国政治体制改革的重要内容"。他引用毛泽东关于"国家各方面的关系都要协商"和周恩来关于"新民主主义的议事精神不在于最后的表决，主要是在于事前的协商和反复的讨论"等论述，强调"有事好商量，众人的事情由众人商量，找到全社会意愿和要求的最大公约数，是人民民主的真谛"。协商民主是中国社会主义民主政治中独特的、独有的、独到的民主形式，它源自中华民族长期形成的"天下为公""兼容并蓄""求同存异"等优秀政治文化，源自近代以来中国政治发展的现实进程，源自中国共产党领导人民进行革命、建设、改革的长期实践，源自新中国成立后各党派、各团体、各民族、各阶层、各界人士在政治制度上共同的伟大创造，源自改革开放以来中国在政治体制上的不断创新，具有深厚的文化基础、理论基础、实践基础、制度基础。

第五，关于社会主义核心价值观与中华民族文明传统。针对现实社会生活中存在的价值目标缺失、价值取向多元、价值准则混乱等问题，党中央把倡导社会主义核心价值观作为全社会思想文化建设的重点。习近平总书记对社会主义核心价值观的内涵从国家、社会、个人三个层面作了精辟阐释。他还指出，中国古代历来讲"格物致知""诚意正心""修身齐家""治国平天下"。从某种角度看，"格物致知""诚意正心""修身"是个人层面的要求，"齐家"是社会层面的要求，"治国平天下"是国家层面的要求。提出社会主义核心价值观，把涉及国家、社会、公民的价值要求融为一体，既体现了社会主义本质要求，又继承了中华优秀传统文化，也吸收了世界文明有益成果。

第六，关于反腐倡廉与中华民族文明传统。"民心是最大的政治，正义是最强的力量。正所谓'天下何以治？得民心而已！

天下何以乱，失民心而已！'""得民心者得天下，失民心者失天下，人民拥护和支持是党执政的最牢固根基。"习近平总书记这些充满政治智慧和下决心从严治党的有力论述，是针对现实问题的，同时也反映了中国历史的经验教训。在推进反腐倡廉过程中，习近平总书记还主持中央政治局专题学习了中华民族历史上的反腐倡廉。他说："研究我国反腐倡廉历史，了解我国古代廉政文化，考察我国历史上反腐倡廉的成败得失，可以给人以深刻启迪，有利于我们运用历史智慧推进反腐倡廉建设。"

第七，关于干部队伍建设与中华民族文明传统。习近平总书记一再强调，"尚贤者，政之本也。""为政之要，莫先于用人。""宰相必起于州部，猛将必发于卒伍。"他要求组织部门坚持"德才兼备，以德为先"的用人标准，健全干部选拔任免和"能上能下"制度，着力培养党和人民需要的好干部。他强调，"君子为政之道，以修身为本。"共产党人更应该强化自我修炼、自我约束、自我塑造，在廉洁自律上做出表率。他希望全党各级干部"吾日三省吾身"，做到严以修身、严以用权、严以律己，谋事要实、创业要实、做人要实。特别是，要牢记"空谈误国，实干兴邦"的历史经验。

第八，关于中国和平发展道路与中华民族文明传统。习近平总书记强调，始终不渝走和平发展道路，不仅是我们党根据时代发展潮流和我国根本利益作出的战略抉择，也是中华民族优良传统的继承和发展。他说："中华民族是爱好和平的民族。消除战争，实现和平，是近代以后中国人民最迫切、最深厚的愿望。走和平发展道路，是中华民族优秀文化传统的传承和发展，也是中国人民从近代以后苦难遭遇中得出的必然结论。"

第九，关于"一带一路"建设与中华民族文明传统。面对进入21世纪以来全球经济发展的新变化，习近平总书记提出要像2000多年前张骞开辟丝绸之路那样，同欧亚国家共同建设"丝绸之路经济带"和"21世纪海上丝绸之路"。他强调，两千多年的对外交往历史证明，只要坚持团结互信、平等互利、包容互鉴、合作共赢，不同种族、不同信仰、不同文化背景的国家完全可以共享和平、共同发展。

第十，关于中国特色社会主义道路自信、理论自信、制度自信、文化自信与中华民族文明传统。习近平总书记反复强调，中华民族在几千年历史中创造和延续的中华优秀传统文化，是中华民族的根和魂。中华优秀传统文化已经成为中华民族的基因，植根于中国人内心深处，潜移默化影响着中国人的思想方式和行为方式，形成了中华民族独特的世界观、人生观、价值观、审美观等。习近平总书记深刻指出："我们说要坚定中国特色社会主义道路自信、理论自信、制度自信，说到底是要坚定文化自信。文化自信是更基本、更深沉、更持久的力量。历史和现实都表明，一个抛弃了或者背叛了自己历史文化的民族，不仅不可能发展起来，而且很可能上演一场历史悲剧。"

以上这十点，也并不完全。但仅从这十点，仍可充分体会到党的十八大以来党中央制定的每一个具有鲜明时代性的重大方针中都包含着深刻的传统性。与此同时，又可以充分体会到，新陈代谢是思想文化发展和社会进步的基本规律。正如习近平总书记在中央政治局第十三次集体学习时指出的，弘扬中华优秀传统文化，"要处理好继承和创造性发展的关系，重点做好创造性转化和创新性发展"。这就是新形势下中国共产党对待传统文化的基本态度和基本方针。

在中国特色社会主义旗帜下坚持"继承传统"又"赶上时代"，努力实现"两个一百年"奋斗目标

中国共产党作为举世无双的"两个先锋队"，以中国化马克思主义为指导，融爱国主义和中国化马克思主义为一体，"继承传统"与"赶上时代"紧密结合，并且以此作为自己的"根"和"魂"。这是贯穿中国共产党全部历史的一条带有根本性的历史经验。

面对国内大局和国际大局这两个大局的持续深刻大变动，习近平总书记要求"不忘初心，继续前进"，这是对继承传统又赶上时代这个带有根本性的历史经验在新的历史条件下的坚持和深化。"不忘初心"，就要"继承传统"；"继续前进"，就要"赶上时代"。而归根到底，就是要高举中国特色社会主义伟大旗帜，在中国共产党人的指导思想上始终坚持马克思主义中国化、时代化、大众化，在中国人的精神生活中始终坚持同中国特色社会主义相统一的爱国主义。

爱国主义在中国历史上之所以能够成为特别巨大的精神力量，归根到底说明了中国各族人民，首先是各族劳动人民，具有极其伟大的历史创造力。

中华民族的一切巨大的物质和精神财富，归根到底都是一切

从事体力劳动和脑力劳动的人们共同创造的。中华民族5000多年的历史反复证明，我们这样的伟大人民、伟大民族，它的活力和天才是不可穷尽的，它的前程是不可限量的，它的爱国主义传统必然具有特别巨大的思想上、政治上和道义上的威力。任何抹杀中华民族伟大力量的企图，都是没有根据的。

我们今天弘扬的爱国主义，是同社会主义紧密结合在一起的新时代的爱国主义。

今天我们社会主义祖国之所以可爱，不仅是因为她山川壮丽、辽阔广大，不仅是因为她有悠久的历史和文化，也不仅是因为她是我们世世代代生于斯、长于斯的祖国母亲，更重要的是因为她今天是真正属于人民的了。

今天中国人民的爱国主义，就是热爱我们伟大的社会主义祖国，热爱我们祖国的国土、历史和优秀文化传统，热爱在我们国土上用劳动和战斗创造了伟大历史并继续创造着更伟大历史的人民，热爱我们祖国向着社会主义现代化强国前进的明确道路。

这样的爱国主义精神，是今天中国各族人民最广泛的大团结的重要思想基础和政治基础，是今天我们中国特色社会主义现代化事业所必须依靠的强大精神力量。

可以预期，不忘初心、继续前进的中国共产党，继承传统、赶上时代的中国共产党，必将带领中国人民实现中华民族的伟大复兴。这将是具有全人类意义的大事件。

继承传统和赶上时代相结合 /

新时代的群众路线和中国共产党

党领导人民开创改革开放新时期的新阶段

中国共产党96周年华诞即将来临。今年，中国共产党将召开第十九次全国代表大会，总结党的十八大以来在以习近平同志为核心的党中央领导下治国理政的伟大实践和创新理论，进一步坚持"以人民为中心"，动员全党和全国人民不忘初心、继续前进，为实现"两个一百年"奋斗目标和中华民族伟大复兴的中国梦而奋斗。

党的十八大以来，站在新的历史起点上的中国共产党，经过治党治国治军的艰苦努力，包括积极参与全球治理，正领导中国人民开创一个改革开放新时期的新阶段。

这个新阶段，在经济、政治、文化、社会和生态文明建设诸方面都具有丰富的内涵。其中，一条毫无疑问的"硬道理"，就是一定要在前所未有的高度上推进中国人民生产力的发展和创新。应当说，这样来突出生产力，突出中国人民生产力在前所未有高度上的发展和创新，正是实现中国梦最坚实的基石。以此来衡量工作，以此来查找差距，并且以此来促进中国特色社会主义各方面事业的发展，这就叫作"生产力标准"。正如习近平总书记精辟指出的，"社会主义的根本任务是解放和发展社会生产力。在全面深化改革中，我们要坚持发展仍是解决我国所有问题的关键这个重大战略判断"。他还指出，"把是否促进经济社会发展、是否给人民群众带来实实在在的获得感，作为改革成效的评价标准"。这个"评价标准"，实质上就是邓小平提出的"生产力标准"。

马克思主义最重视生产力。而在生产力当中，人是最活跃最积极的因素。中国共产党在革命和建设的长期实践中，又把这个基本观点发展成为具有丰富内涵并贯穿于一切工作当中的有名的"群众路线"。由此决定了，在中国共产党的理论和实践当中，生产力标准和群众路线从来就不是两回事，而是紧密联系在一起的不可分割的思想武器和工作路线。

请看党的十八大以来各个领域取得的新进展，归根到底依靠的难道不就是同生产力标准紧密联系的群众路线吗？一方面，习近平总书记反复强调："检验我们一切工作的成效，最终都要看人民是否真正得到了实惠，人民生活是否真正得到了改善"；另一方面，他又在党的群众路线教育实践活动工作会议上尖锐指出："形式主义、官僚主义、享乐主义和奢靡之风这'四风'是违背我们党的性质和宗旨的，是当前群众深恶痛绝、反映最强烈的问题，也是损害党群干群关系的重要根源。"党的十八大后，我们在全党开展以为民务实清廉为主要内容的党的群众路线教育实践活动，使得广大党员、干部接受了一次马克思主义群众观点的深刻教育，增强了贯彻党的群众路线的自觉性和坚定性，党的执政基础更加稳固。与此同时，生产力的创新发展，不断为经济社会可持续发展提供新的动能。今天，我们之所以能够在经济发展新常态下提出和贯彻创新、协调、绿色、开放、共享的发展理念，提出和推进供给侧结构性改革，破解经济社会发展中的各种难题，实现稳中求进，归根到底，靠的就是同生产力标准紧密联系的群众路线。

新阶段的群众路线和"新的群众"

今天我们讲"新阶段"，讲"新阶段的生产力标准"，讲"新阶段的群众路线"，有一个更深层次的问题，就是需要搞清楚今天的"群众"发生了怎样的历史性变化。

事实就是这样：在今天新的历史条件下，我们党不仅面对着新的建设和改革的宏大任务，而且面对着"新的时代的群众"和"新的群众的时代"。

事实就是这样：改革开放以来，在中国特色社会主义事业大踏步推进的过程中，伴随我国现代化事业特别是社会主义市场经济的发展，中国的社会结构已经发生了极其广泛而深刻的变化。

首先是我们的阶级基础——中国工人阶级的队伍发生了大变动。知识分子成为工人阶级日益重要的一部分，工人阶级的知识化快速推进。几亿农民工进入工人阶级队伍，工人阶级的队伍迅速壮大。大批产业工人从国有企业转移到民营企业，多种所有制经济的活力竞相迸发。一支同社会主义现代化建设相适应的工人阶级队伍正在形成。由此也决定了工人阶级队伍中存在的不同的利益诉求在不断增加。特别要提到的是，中央制定和实施的《新时期产业工人队伍建设改革方案》，就是针对产业工人队伍发展的突出问题作出的专门谋划和部署，这在我们党和国家历史上是首次。

其次是我们最广泛的群众基础——中国农民阶级的队伍发生的变化更大。在农村土地所有权、承包权、经营权分离而经营权可以流转的改革进程中，大批新农民在城乡之间、各大城市之间流动着。农村出现了一批种田大户和现代农业劳动者，他们已经成为农村和农业先进生产力的代表。至于几千万农村贫困人口，他们在党的精准扶贫政策下边脱贫边学习掌握现代农业技术，也将成为农村和农业现代化建设的重要力量。

再次是在改革开放中成长起来的包括民营企业家在内的几亿新的社会阶层人士也发生了重大变化，他们在中国现代化中的作用将日益突出。特别是随着电商等新经济新业态的迅猛发展，大批年轻创业者已经和正在成为新一代现代化建设者。

凡此种种，不仅同改革开放前大不相同，同改革开放初期也大不相同，甚至可以说同5年前都大不相同。这就是说，我们讲群众路线，必须看到我们今天面对的群众已经是"新的时代的群众"。

至于80后、90后、00后的新青年，他们还将创造一个"新的群众的时代"。今天，他们已经是我们的工业生产大军、农业生产大军、科技大军、教育大军、文化大军、创新大军、网络大军中的生力军。大体再过十几、二十年，他们将从生力军变成主力军。他们不仅朝气蓬勃，而且独立意识强、创新精神足，是实现"两个一百年"奋斗目标和中华民族伟大复兴中国梦的主力军，代表的是中国的未来。

问题就是这样提到我们面前：面对着"新的时代的群众"和"新的群众的时代"，面对着80后、90后、00后的新青年，我们的群众观念是不是也要有所更新呢？我们的群众工作是不是也要与时俱进呢？答案是肯定无疑的。中国共产党作为一个久经考验的能够自觉引领最广大人民群众与时俱进的马克思主义执政党，党的群众路线和群众工作也一定要在新的实践中得到发展，一定要形成在新的时代条件下动员和依靠最广大人民群众包括新青年群众的新眼界、新路数、新水平、新学问、新体制。

一句话，要学会做"新的时代的群众"和"新的群众的时代"的群众工作，形成新阶段的群众路线。

新阶段的群众路线和"新的装备"

中华民族正处在一个和平发展的新时代，同时又正处在一个信息革命日新月异的新时代。互联网已经成为广大人民群众特别是青年群众离不开的"新空间"，同时也成为党坚持和贯彻群众路线的"新的装备"。这是新阶段的群众路线一个不容忽视的重大新特点。

互联网的出现，不仅是科学技术领域的深刻革命，而且体现了人类文明的新觉醒，标志着人类文明正进入一个全新的时代。

与此同时，执政的中国共产党清醒地认识到，网络空间存在"天朗气清、生态良好"和"乌烟瘴气、生态恶化"两种状况。这就叫作机遇与挑战同在。正是针对这种状况，习近平总书记强调推进网信事业发展一定要坚持"以人民为中心"，也就是要坚持群众路线。

首先，"以人民为中心"六个大字，指明了中国的网信事业不姓别的，姓的是"人民"。而当前在国际范围，网信时代究竟是强权称霸时代还是以人民为中心的时代，这可是摆在世界面前的一个大是大非问题。自从互联网诞生以来，世界各国在这个问题上的基本立场和基本方针大相径庭。有的是为了控制世界舆论，有的甚至把互联网作为干涉别国内政甚至颠覆别国政权的工具。凡此种种，都从根本上背离了互联网应有的时代精神。形势要求我们，一定要以高度自觉建设"以人民为中心"的互联网，坚持网信事业是人民的大事业、网信时代是人民的大时代。这就是我们中国共产党人在对待互联网发展问题上的世界观。

其次，中国共产党的"办网"路线，就是为人民办好互联网。中国网信事业的发展，从大处讲，是为了抓住机遇、赶上时代，实现中华民族的伟大复兴；从细处讲，是为了给人民提供用得上、用得起、用得好的信息服务，让亿万人民在共享互联网发展成果上有更多获得感。特别是，习近平总书记还满怀对广大农村人民的深厚感情，专门强调指出"农村互联网基础设施建设是我们的短板"，要求"加快农村互联网建设步伐，扩大光纤网、宽带网在农村的有效覆盖"，表明了中国经由解决农村互联网短板问题来解决数字鸿沟这一世界性难题的决心。从指导方针到具体要求，事事处处想的都是造福人民。这就是我们中国共产党人在对待互联网发展问题上的价值观。

再次，互联网是一个社会信息大平台，也是一个民意大平台。亿万网民在网上获得信息、交流信息，这对他们的求知途径、思维方式和价值观念，特别是对他们关于国家、关于社会、关于工作、关于人生的看法，都会产生重要影响。而且正如习近平总书记所说，网民大多数是普通群众，来自四面八方，各自经历不同，观点和想法肯定是五花八门的，其中也还会有这样那样的怨气怨言、偏颇看法。那么，怎样对待这种情况呢？习近平总书记明确指出："网络空间是亿万民众共同的精神家园。""网民来自老百姓，老百姓上了网，民意也就上了网。"因此，他要求各级党政机关和领导干部都要善于运用网络了解民意，学会通过网络走群众路线。特别是，他强调对网民的观点和看法要"多一些包容和耐心""为了实现我们的目标，网上网下要形成同心圆"。这就是我们中国共产党人的网络群众观。

最后，坚持以人民为中心的"办网"路线，不仅要为人民，还要靠人民。无论网络发展还是网络治理都要依靠人民，要推动网信事业从单向管理向双向互动的治理转变。习近平总书记进一步强调，一要调动人民群众的积极性，包括增强互联网企业的使命感和责任感；二要接受人民群众对互联网的监督。人民的监督和批评，不论是对党和政府工作的还是对领导干部个人的，也不论是和风细雨的还是忠言逆耳的，不仅要欢迎，还要认真研究和吸取。

新阶段群众路线对中国共产党自身建设的新要求

中国特色社会主义最本质的特征，就是中国共产党的领导。而要真正强有力地坚持和落实中国共产党的领导，就必须遵循以习近平同志为核心的党中央治国理政新理念新思想新战略，在中国特色社会主义的各项事业中真正做到领导最广大人民群众共商、共建、共创、共治、共享。

共商，就是人民内部各方面围绕改革发展稳定的重大问题和涉及群众切身利益的实际问题，在决策之前和决策实施之中开展广泛协商，努力形成共识。

共建，就是要领导和依靠最广大人民群众携手建设各族人民和睦共处的美好家园。

共创，就是大众创业、万众创新，并为此提供良好的政策环境、制度环境和公共服务体系。

共治，就是要发动和依靠人民群众把法治和德治结合起来，有效治理国家和社会，有效治理江河湖海和大气、土壤。同时，党和政府及其各级领导干部都要自觉接受人民群众的监督。

共享，就是要按照人人参与、人人尽力、人人享有的原则，让全体人民在发展中有更多获得感。

归根到底，这"五共"体现的就是"以人民为中心"，体现的就是新阶段的群众路线。

说到这里还要强调一点，党的群众路线离不开党内生活的民主集中制。党的十八大以来，全面从严治党的一个根本要求，就是紧密联系党的群众路线，坚持和发展党内民主集中制。为此，要积极开展批评和自我批评，同时严肃党的纪律，坚持依法（包括国法和严于国法的党内法规）从严治党，加强党内监督特别是加强对党的高级干部的监督，坚决反对特权思想和特权现象，坚决反对腐败。这样坚持做下去，就一定能够净化党内政治生态，在全党真正形成又有集中又有民主、又有纪律又有自由、又有统一意志又有个人心情舒畅生动活泼的政治局面。

归结起来，一手抓党同人民群众的密切联系，一手抓民主集中制，群众路线和民主集中制双双得到突出强调、体现和发展。实际上，群众路线内在地就包含着民主集中制。所谓"从群众中来，到群众中去"，这一来一去，当中一个重要环节就是民主集中制。我们党这样一整套的"两手"经验，值得永远坚持和不断发扬。

放眼世界，在国际共运史上，中国共产党经过长期革命斗争形成的群众路线，是前无古人的伟大创造。而在当代世界政治史上，中国共产党在中国特色社会主义建设事业中坚持的群众路线，又以其在新实践中方兴未艾的新发展而日益凸显出独特的历史创造性和优越性。

建设以人民为中心的网络强国

2016年4月19日，习近平总书记主持召开网络安全和信息化工作座谈会并发表重要讲话。讲话提出了"以人民为中心"推动网信事业发展的重要论断，系统阐述了建设网络良好生态、突破核心技术、正确处理安全和发展关系、增强互联网企业使命感责任感以及为网络事业发展提供有力人才支撑等一系列重大问题，是指导我国网信事业发展、建设网络强国的纲领文献。值此"4·19"重要讲话发表一周年之际，放眼世界范围互联网迅猛发展的态势，联系我国网络安全和信息化工作所面临的新情况新问题，我们更加深感这篇讲话的重大现实意义。

网信事业是人民的大事业

我们正处在一个信息革命日新月异的新时代。能否正确认识和把握这个时代，是我国网信事业能否健康发展的前提。在网信工作座谈会上，习近平总书记鲜明而又坚定地强调："网信事业要发展，必须贯彻以人民为中心的发展思想。"网信事业从本质上来说是人民的大事业，推动网信事业发展是为了人民。

互联网的出现，不仅是科技领域的深刻革命，更是体现了人类文明的新觉醒，标志着人类文明正进到一个全新的时代。

习近平总书记以宽广的世界眼光和敏锐的政治判断力深刻指出："从社会发展史看，人类经历了农业革命、工业革命，正在经历信息革命。"

我国接入国际互联网20多年来，不仅已使7亿网民享受到了互联网这一新空间新平台带来的新生活，而且全社会都感受到了我国交往方式、生活方式、生产方式的巨大变化，以及由此而来的经济、政治、军事、文化等各个领域的巨大进步。这样的历史大变动，生动反映了近代史上曾经错失工业革命机遇的中国人，今天抓住了信息革命的历史机遇。

习近平总书记同时强调指出："网络空间天朗气清、生态良好，符合人民利益。网络空间乌烟瘴气、生态恶化，不符合人民利益。"

执政的中国共产党对此必须有清醒的认识和正确的方针。针对这种机遇与挑战同在的复杂情况，习近平总书记提出了"以人民为中心"的网信事业发展重要思想。我们体会，正是这个"以人民为中心"，应当成为我们全党和全国人民应对信息革命带来的历史性机遇和挑战的基本立场和基本方针。

首先，中国的网信事业是人民的事业。

"以人民为中心"六个大字，指明了中国的网信事业不姓别的，姓的是"人民"。而当前在国际范围，网信时代究竟是强权称霸时代，还是以人民为中心的时代，这可是摆在世界面前的一个大是大非问题。自从互联网诞生以来，世界各国在这个问题上的基本立场和基本方针大相径庭。有的是为了控制世界舆论，有的甚至把互联网作为干涉别国内政甚至颠覆别国政权的工具。凡此种种，都从根本上背离了互联网应有的时代精神。我们一定要站在历史的高度，自觉自信地建设"以人民为中心"的互联网，坚持网信事业是人民的大事业、网信时代是人民的大时代。这就是我们中国共产党人在对待互联网发展问题上的世界观。

其次，推动我国网信事业发展是为了使互联网更好造福人民。

习近平总书记的重要讲话，贯穿着一条基本的"办网"路线，就是为人民办好互联网。中国网信事业的发展，从大处讲，是为了抓住机遇，赶上时代，实现中华民族的伟大复兴；从细处讲，是为了给人民群众提供用得上、用得起、用得好的网络信息服务，"让亿万人民在共享互联网发展成果上有更多获得感"。

习近平总书记还满怀对广大农村群众的深厚感情，专门强调指出"农村互联网基础设施建设是我们的短板"，要求"加快农村互联网建设步伐，扩大光纤网、宽带网在农村的有效覆盖"，表明了中国经由解决农村互联网短板来解决"数字鸿沟"这一世界性难题的决心。

从指导方针到具体要求，习近平总书记事事处处想的都是"造福人民"。这就是我们中国共产党人在对待互联网发展问题上的价值观。

再次，建设良好网络空间生态是为了更好发挥网络引导舆论、反映民意的积极正面作用。

互联网是一个社会信息大平台，亿万网民在上面获得信息、交流信息。这对他们的求知途径、思维方式和价值观念，特别是对他们关于国家、社会、工作、人生的看法，都会产生重要的影响。

正如习近平总书记所说，"网民大多数是普通群众，来自四面八方，各自经历不同，观点和想法肯定是五花八门的，不能要求他们对所有问题都看得那么准、说得那么对。"

那么怎样对待网上的怨气怨言呢？有种观点认为，互联网太复杂、难治理，不如一封了之、一关了之。

习近平总书记针对这种观点明确指出："这种说法是不正确的，也不是解决问题的办法。中国开放的大门不能关上，也不会关上。"他还进一步深刻指出："网络空间是亿万民众共同的精神家园"，"网民来自老百姓，老百姓上了网，民意也就上了网。"

因此，他要求各级党政机关和领导干部都要善于运用网络了解民意，学会通过网络走群众路线。特别是，他强调对网民的观点和看法要"多一些包容和耐心"，"为了实现我们的目标，网上网下要形成同心圆。"这就是我们中国共产党人在对待互联网发展问题上的群众观。

最后，推动网信事业前进靠的是人民。

坚持以人民为中心的"办网"路线，不仅要"为人民"，还要"靠人民"。无论网络发展还是网络治理都要依靠人民，对此，习近平总书记强调，一要调动人民群众的积极性，包括增强互联网企业的使命感和责任感；二要接受人民群众对互联网的监督。

人民的监督和批评，不论是对党和政府工作的还是对领导干部个人的，也不论是和风细雨的还是忠言逆耳的，不仅要欢迎，还要认真研究和吸取。

我们高兴地看到，习近平总书记"4·19"重要讲话发表一年来，党中央、国务院有关部门相继发布了一系列关于网信事业发展的重要决定。包括《国家创新驱动发展战略纲要》《国家信息化发展战略纲要》《网络空间安全战略》《网络空间国际合作战略》《国家网络安全法》和《大数据产业发展规划（2016—2020年）》等，有力地推进了"4·19"重要讲话精神的进一步落实。

网络安全要以"两重性"观念清醒把握

网络安全，是我们在推动网信事业发展过程中遇到的突出矛盾和问题。既不能因为存在网络安全问题就把互联网视为"洪水猛兽"，不敢大胆发展网信事业；也不能在推动网信事业发展过程中自废武功，不敢果断治理网络空间。这就要求我们务必保持清醒，以"两重性"的观念，实事求是地处理网络安全同信息化发展这两者之间的对立统一关系。

在网信工作座谈会上，习近平总书记提出："网络安全和信息化是相辅相成的。安全是发展的前提，发展是安全的保障，安全和发展要同步推进。"

在这里，"同步推进""相辅相成"，就是网络安全和信息化二者之间的基本关系。在全面把握网络安全同信息化发展二者关系的基础上，习近平总书记首次鲜明而完整地提出"树立正确的网络安全观"，即网络安全是整体的而不是割裂的、是动态的而不是静态的、是开放的而不是封闭的、是相对的而不是绝对的、是共同的而不是孤立的。

这样的全新理念，要求我们更加清醒地面对当前网络安全和信息化关系的诸多问题。以下四个方面，尤其应当引起深刻注意。

首先，在正确的网络安全观指导下，改变那种不切实际地追求绝对安全的观念。

绝对寓于相对之中，从来没有离开相对的绝对。信息安全攻防博弈永无止境，已成互联网时代的新常态。只有正确认识和处理安全与发展、开放与自主、管理与服务、自由与秩序的关系，把握最佳平衡点，才能真正持久地保证网络安全。那种危机状态下的应急管控办法，不宜用来取代常态下的治理模式。

这也就是习近平总书记所要求的"立足基本国情保安全，避免不计成本追求绝对安全"。如果一味追求绝对安全，不仅将付出沉重的政治代价和经济成本，而且可能顾此失彼、南辕北辙。总之，坚持正确的网络安全观，在大力发展和维护网络安全的同时，避免"安全绝对化"和"保密扩大化"。

其次，在正确的网络安全观指导下，建立开放与治理相统一的网络生态。

我们对待互联网的基本立场是开放，不开放就不会有今天7亿中国网民，就不会有全世界最大的网络经济。在网络安全问题上，应当也持开放态度。

正如习近平总书记所说："只有立足开放环境，加强对外交流、合作、互动、博弈，吸收先进技术，网络安全水平才能不断提高。"与此同时，习近平总书记又深刻指出，"古往今来，很多技术都是'双刃剑'，一方面可以造福社会、造福人民，另一方面也可以被一些人用来损害社会公共利益和民众利益"。

正因为这样，习近平总书记强调指出："互联网不是法外之地。利用网络鼓吹推翻国家政权，煽动宗教极端主义，宣扬民族分裂思想，教唆暴力恐怖活动，等等，这样的行为要坚决制止和打击，决不能任其大行其道。"

总之，依法治网，天经地义。开放与治理相结合，该堵的就堵，可放的就放，不搞"一刀切"，这样才能形成良好的网络生态，真正造福于广大人民群众。

再次，在正确的网络安全观指导下，解决网络安全关键性问题。

"网络安全的本质在对抗，对抗的本质在攻防两端能力较量。"当前，世界范围内的网络安全威胁和风险日益突出，并不断向政治、经济、文化、社会、生态、国防等领域传导渗透。特别是国家关键信息基础设施，面临巨大风险隐患。如果网络安全防控能力薄弱，那就难以有效应对国家级、有组织的高强度网络攻击。这对世界各国都是一个难题，我国也不例外。

正是针对这种情况，习近平总书记要求在核心技术上取得突破，消除核心技术受制于人这一最大隐患；同时要求加快构建关键信息基础设施安全保障体系，以利于全天候全方位感知网络安全态势，增强网络安全防御能力和威慑能力。

总之，我们要以对党对人民高度负责的忧患意识，保持清醒头脑，采取有效措施，做好风险防范，维护网络安全。

最后，在正确的网络安全观指导下，以坚定的道路自信、理论自信、制度自信、文化自信，推动构建国际范围网络空间命运共同体。

互联网已经把世界变为一个地球村,信息的跨界传播如同水银泻地般无孔不入。同时,应当看到,中国人的自信力和辨别力比20年前、30年前已大大增强。我们今天之所以能够如此鲜明地倡导国际范围网络空间命运共同体,正是基于我们对自己有这样的自信。

在第二届世界互联网大会上,习近平总书记的主旨演讲提出一个宏大命题——"互联网是人类的共同家园,各国应该共同构建网络空间命运共同体"。围绕这个命题,他又提出了"四项原则"和"五点主张"。即"尊重网络主权""维护和平安全""开放合作"和"构建良好秩序"的原则,以及"加快全球网络基础设施建设""打造网上文化交流共享平台""推动网络经济创新发展""保障网络安全"和"构建互联网治理体系"的主张。

这些原则和主张,赢得了世界绝大多数国家的赞同。这样一整套关于尊重"网络主权"和"构建网络空间命运共同体"的原则和主张,同中国国内网络空间治理的一整套原则和主张相结合,系统地体现了习近平总书记提出的"网络安全观"。

可以确信,以这样的"网络安全观"为指引,一定能够强有力地兴网除弊,在致力构建国际网络空间命运共同体的同时,打造我国安全有序、富有活力、人民满意的网络生态。

依托互联网激发新动力

面对信息革命的挑战,"拥抱时代"才能"发展中国"。正如习近平总书记所指出："我国经济发展进入新常态，新常态要有新动力，互联网在这方面可以大有作为。"那么，怎样在经济新常态下依托互联网，形成发展的新动力呢？习近平总书记提出的"打通经济社会发展的信息'大动脉'"的新理念，为我们打开了视野和思路。如同中医所说打通"任督二脉"的功力那样，打通信息"大动脉"，正在成为新常态下中国经济发展的新动力。

首先，这种新动力体现在当代中国人民的生产力上。

从工业革命发展到信息革命，导致生产力和生产方式的重大变革。基于互联网和大数据技术而迸发出的新型生产力，将为人类创造无穷的新资源、新财富、新空间。数据可以复用，信息可以共享，这是网络空间超越以往实体空间的本质特征，也是可以撬动人类走向新文明的强大杠杆。

其次，这种新动力体现在当代中国人民的国防力上。

信息技术孕育了信息武器的发展，形成信息优势乃至改变战争与防务格局。与此同时，在网络空间成为第五维疆域以后，网络空间安全更上升为主权国家第一层级的安全威胁。大家熟知的全球性安全事件一再证明，国家有国界，网络威胁无国界，在网络世界谁也不能独善其身。发展网络国防力量，构建新型防卫体系，也是我国开展国际合作，维护世界网络空间和平与发展的大国责任。

再次，这种新动力还体现在当代中国人民的文化力上。

网络化开启民智，提升人们的素质、能力，现代人接受的信息量是过去任何一个时代无法比拟的。电视、电话、数据三网合一，以新媒体、自媒体、网络语和表情包等来表意的"网络文"，充分利用碎片化传播，其流行度和影响力远远超出传统媒体，对网民尤其是青年一代的影响堪比中国100年前的"白话文"运动。而且，今天的"网络文"又是世界范围的，是中华文明复兴同世界潮流相交汇的重大契机。互联网文化和创意文化产业也已脱颖而出，网络跨文化的传播力量不可估量。

总之，我们正在信息革命中迎来一个全新的时代。新时代需要新觉醒，新空间开启新文明。在这种新文明形成发展过程中，中国人民的生产力、国防力、文化力这"三力"在同互联网的联系和结合中相互渗透，相互转化，必将创造前所未有的人类奇迹。

当然，依托互联网形成新动力这件大事，并非轻而易举。无论"互联网+"，还是"+互联网"，都是一场关系实体经济产业升级换代的重大变革。顺便说一下，这里一个值得探讨的问题，是最近几年关于"虚实经济"之争。

我们认为，所谓"虚拟经济"，就其本意而言，并非是指泡沫化的那种"虚"经济。实际上，在经济发展历史进程中，从"信用经济"开始，虚拟经济本来就是因应实体经济发展的需要而产生，并同实体经济相联系而发展的。问题在于，在复杂的经济和社会条件下，虚拟经济又恰因其"虚"而被"投机经济"所利用，成为泡沫经济。

今天，我们在中国特色社会主义条件下，随着"互联网+"和"+互联网"的深入发展，促进传统产业与互联网行业的逐步融汇，已经可喜地呈现出虚实之间交融共生，进而形成"新实体经济"的新趋向。在这里，"虚拟经济"的积极作用恰恰在于，它能够强有力地实现互联网经济同实体经济的深度融汇，并经过这种深度融汇而产生新动力。这种新动力，不仅推动了实体经济改造升级，而且催生了新技术新业态。

实践已经证明并将继续证明，在中国特色社会主义条件下，通过政策引导、舆论宣传、项目扶持和必要管理，通过推动互联网企业与实体经济对接合作而形成的"虚实结合"，或者叫作"新老实体结合"，乃是具有强大生命力的新发展。

需要强调的是，网信产业发展规律启示我们，创新性是唯一标准。没有创新就意味着停滞，而停滞就会被淘汰。中外有不少知名企业和企业家就是由于没有预见到网信事业这种特殊性，而不断地被追赶者边缘化。

尽管中国在某些网信领域与发达国家还有不小差距，但中国不乏创新基因。中华民族是一个具有极强创造力的民族，近年来网信领域的诸多创新已经引领世界潮流。比如网信商业模式的创新、产品的创新、营销的创新、管理的创新、金融的创新，等等。一切善于推进"互联网+"和"+互联网"的企业，都有可能打开共享经济带来的可持续发展空间和潜力。清醒把握这个大趋势大方向，新机遇就在前头。

人才是网信事业发展的关键

习近平总书记深刻地指出："网络空间竞争，归根结底是人才竞争。建设网络强国，没有一支优秀的人才队伍，没有人才创造力的迸发、活力涌流，是难以成功的。念好了人才经，才能事半功倍。"网信事业是面向未来的事业，更需要聚天下英才而用之。

对我国来说，人才与资本相比，更缺的是人才特别是高端人才。在我国网信事业发展中，人才的短板更加突出。

因此，习近平总书记说："我们的脑子要转过弯来，既要重视资本，更要重视人才，引进人才力度要进一步加大，人才体制机制改革步子要进一步迈开。"

网信事业技术密集且更新快，人才是核心支柱，是事业蓬勃发展、可持续发展的源头活水。

一方面，要充分调动已有人才的积极性、主动性、创造性，精准集智，担当责任。

另一方面，要解放思想，慧眼识才，用特殊政策聚集人才包括奇才、怪才，不拘一格降人才包括引进国际网信人才。

再一方面，还要进一步汇聚军地一流大学网信资源、师资力量，提高网信人才培养质量和速度。

有了人才，还要人尽其才、各尽其用、用当其时，并且产生联动和共振效应。而要实现人才效应的最优配置，不能不依赖于体制机制改革。我们要建立适应网信特点的人才评价机制和激励机制，突出专业性、创新性、实用性。

我们对待特殊人才要有特殊政策，不求全责备，不论资排辈，不都用一把尺子衡量，让做出贡献的各种人才都有成就感、获得感。我们还要打破体制界限，推进"旋转门"制度，让人才在政府、企业、军队、智库间有序顺畅流动，最终实现构建具有全球竞争力的人才制度体系。

国际竞争，归根到底是人才的竞争。开发人才资源，尤其是青年人才资源，是最大要义。网络主要是年轻人的事业，而今天所谓年轻人，就是人们常说的"80后""90后""00后"。他们已经是我们的工业生产大军、农业生产大军、科技大军、教育大军、文化大军、创新大军、网络大军中的"生力军"。再过十几、二十年，他们将从"生力军"变成"主力军"。

当前一个需要引起高度关注的问题是，既要满足青年的信息需求，又要充分关注青年的健康成长。引导他们在学习阶段努力打好牢固知识基础，千万不要因为知识碎片化而影响长远发展；引导他们在长身体阶段注意强身健体，千万不要因为沉溺于网络而影响视力和身体健康。对这一方面的问题，期待有关教育部门和网络部门切实给予关注。

中国共产党是面向未来的伟大政党。中国共产党之所以能够在中国革命、建设、改革的征程中引领全国各族人民大步迈向中华民族伟大复兴，就是因为具有马克思主义的科学世界观，能够实事求是，联系群众，自我纠偏，永葆青春活力。

中国网信事业的发展，从1994年我国全面接入互联网至今的"上半场"表现看，党中央已经敏锐地抓住了这一难得历史机遇，带领中国人民站在了全球朝阳产业的第一方阵。我们坚信，在以习近平同志为核心的党中央坚强领导下，中国网信事业发展的"下半场"必将精彩纷呈，"以人民为中心"的网络强国必将实现。

今天怎样纪念马克思

　　我们今天纪念马克思，最好的办法是集注于当前，集注于当前中国人面对的新问题，进一步学习和运用马克思主义的立场、观点和方法来完成我们肩负的伟大事业。

　　纪念和学习马克思，必须把马克思主义中国化。我们中国人，自1840年鸦片战争以来，为了救亡图存，为了赶上时代，开始了如饥似渴向世界学习的艰难历程。学马克思主义，在学西方资产阶级学说之后。帝国主义的侵略打破了中国人学西方的美梦。于是乎，中国人开始了毛泽东所说的"重新学习"的历程。十月革命一声炮响，中国人经过俄国人的介绍，找到了马克思主义这个崭新的思想武器。

　　在马克思列宁主义和中国工人运动相结合的过程中，中国共产党应运而生。中国共产党历尽曲折，终于明白了坚持马克思主义还要按照马克思主义的本质要求，把这一科学思想同中国的具体实践结合起来。毛泽东最早提出了"马克思主义中国化"这一极其重要的命题。在推进马克思主义中国化的过程中，实现了两次飞跃，形成了两大成果：一个是新民主主义，一个是中国特色社会主义。

纪念和学习马克思，必须牢记马克思主义的生产力理论。毛泽东思想和中国特色社会主义理论体系两大成果，是"中国化"的，也是"马克思主义"的。贯穿于这两大成果的核心思想就是马克思主义关于"社会生产力"的科学思想。

马克思发现了生产力在人类社会发展中的根本作用。中国共产党人在马克思主义中国化进程中形成的两大成果之所以是马克思主义的，就在于它们一是在革命中解放生产力的理论，一是在改革中解放和发展生产力的理论。我们今天纪念马克思也好，学习马克思也好，都要牢记这一根本之点。

纪念和学习马克思，必须牢牢把握国际国内两个大局。我们中国共产党人，在领导人民进行革命、建设和改革的时候，始终坚持把握好国际和国内两个大局。今天，中国特色社会主义已经进入新时代。要了解新时代中国的历史方位，进而认清新时代中国的历史任务，更要清醒地把握国际国内这两个大局。特别是，要了解今天的世界尤其是经济全球化所处的历史方位，了解今天的中国所处的历史方位。

在世界迎来第四轮经济全球化之际，中国特色社会主义又恰在此时进入了"新时代"。新一轮经济全球化，新时代中国特色社会主义，"两新"相得益彰，意味着中国作为世界最大的发展中国家将同世界各国人民一道，在推进第四轮经济全球化的进程中迎来中华民族的伟大复兴。

我们今天纪念马克思、学习马克思，不能空谈马克思，而要切切实实地面对当今世界出现的经济全球化新情况和中国国情新情况，理性、清醒地把握国际国内两个大局。

纪念和学习马克思，归根到底，要掌握中国共产党人特色的立场、观点和方法。什么是"中国共产党人特色的立场、观点和方法"？就是党的十一届六中全会通过的关于建国以来党的若干历史问题的决议中提出的"实事求是""群众路线""独立自主"。中国共产党人形成这样具有自己特色的立场、观点和方法，体现了中国共产党人的马克思主义新觉醒。

我们今天要格外强调坚持"中国共产党人特色的立场、观点和方法"，高举习近平新时代中国特色社会主义思想的伟大旗帜，紧密团结在以习近平同志为核心的党中央的周围，按照实事求是、群众路线、独立自主的要求，以敢于担当的精神状态，创造性地开展工作，真正干出（而不是"叫嚷"）一个新时代的中国特色社会主义来。

续写马克思主义中国化新篇章

永远铭记马克思本人对中国人民革命的深情关注

今年是马克思诞辰200周年，这位伟人去世已经135年了。

当我们中国人还全然不知道马克思主义，甚至连马克思的名字也全不知晓的时候，马克思就已经把目光投向中国，开始从历史和战略高度，关注中国前途和命运了。

一个突出例子是鸦片战争10年之后，太平天国起义爆发半年之前，即1850年1月。当时，马克思在一篇很有分量的长篇通讯中尖锐指出：中国（清朝）"已经面临着一场大规模革命的威胁"。他还进一步做出预言：随着社会矛盾的积聚和发展，也会产生"中国社会主义"。而"中国社会主义"之于"欧洲社会主义"，其差别之大，"也许就像中国哲学与黑格尔哲学一样"。

又一个突出例子是在此3年之后，即1853年。在一篇题为《中国革命与欧洲革命》的文章中，马克思进一步把中国问题同西方资本主义的矛盾发展联系起来，并且认为未来的中国革命必将对欧洲产生重大影响，"将把火星抛到现今工业体系这个火药装得足而又足的地雷上"。

当然，以上两段仅是作为本文开头，借以表达对马克思的追思。而我们今天纪念马克思的最好办法，则无疑应当是如列宁当年所说，把注意力集中到还没有解决的任务上来。

我们的根本历史经验是把马克思主义中国化

我们中国人，自1840年鸦片战争以来，经历的民族磨难和民族耻辱，深深地铭刻在我们的历史上。与此同时，为了救亡图存，为了赶上时代，中国人开始了如饥似渴向世界学习的艰难历程。

这个学习历程，首先是从学西方资产阶级学说开始的。但是，资本帝国主义一次又一次的侵略打破了中国人学西方的迷梦，"先生老是打学生"。于是乎，中国人开始了"重新学习"的历程，开始关注另外一种西方人，即尖锐透彻批判西方资本主义的西方人。马克思、恩格斯就这样进入了中国人的视野。

特别是十月革命一声炮响，经过俄国人的介绍，中国人找到了马克思主义这个崭新的思想武器。

中国共产党应运而生。而在中国具体历史条件下诞生的中国共产党，一开始就具有了"两个先锋队"的性质——既是为实现共产主义远大理想而奋斗的中国工人阶级先锋队，同时又是为实现中华民族伟大复兴而奋斗的中国人民和中华民族先锋队。

正是在我们党从幼年到成熟的艰难曲折的伟大进程中，毛泽东最早提出了融马克思主义、中国国情和中华民族优秀传统文化为一体的"马克思主义中国化"这一极关重大的命题。这可真正是"一言兴邦"！结果就是马克思主义中国化的两次飞跃和两大理论成果。一个是从新民主主义革命的胜利到中华人民共和国和社会主义制度的建立，由此产生了毛泽东思想；另一个则是改革开放和中国特色社会主义道路的开辟，由此产生了中国特色社会主义理论体系。

习近平新时代中国特色社会主义思想作为马克思主义中国化的最新成果，正在引领我们在新时代推进马克思主义中国化的发展。如同习近平总书记在中央政治局集体学习《共产党宣言》时所强调的，"与时代同步伐，与人民共命运，关注和回答时代和实践提出的重大课题，是马克思主义永葆生机活力的奥妙所在"。因此，"续写马克思主义中国化新篇章"，毫无疑问，已经成为新时代中国共产党人承担的重大理论使命和历史责任。

革命是解放生产力，改革也是解放生产力

马克思认为，生产力是人类社会"全部历史的基础"。中国共产党人在马克思主义中国化进程中形成的两大理论成果之所以是马克思主义的，根本之点就在于这里贯穿着一条主线，就是解放中国人民的生产力。革命是解放中国人民的生产力，改革也是解放中国人民的生产力。

请再重温一下毛泽东在《论联合政府》中的一段话吧。他这样说："中国一切政党的政策及其实践在中国人民中所表现的作

用的好坏、大小，归根到底，看它对于中国人民的生产力的发展是否有帮助及其帮助之大小，看它是束缚生产力的，还是解放生产力的。"这就很清楚了，革命也好，阶级斗争、政治斗争也好，归根到底要看这一条。

至于在阶级斗争作为主要矛盾的新民主主义革命和社会主义革命胜利结束后，我们的根本任务更加明白，那就是在社会主义生产关系下解放生产力、发展生产力。邓小平在开创中国特色社会主义道路之初，一而再、再而三地强调这一点。他强调马克思最重视生产力，而中国社会主义的根本任务就是发展生产力。他强调社会主义的本质就是解放生产力，发展生产力，消灭剥削，消除两极分化，最终达到共同富裕。他强调我国现在处在并将长期处在社会主义初级阶段，始终要坚持"一个中心、两个基本点"的基本路线。他强调现代化建设的任务是多方面的，各个方面需要综合平衡，不能单打一，但是说到最后，还是要把经济建设当作中心。他强调社会主义经济政策对不对，归根到底要看生产力是否发展，人民收入是否增加，这是压倒一切的标准。总之，无论是邓小平理论、"三个代表"重要思想、科学发展观，还是习近平新时代中国特色社会主义思想，之所以是中国化的马克思主义，就在于这些思想理论都是在社会主义初级阶段历史条件下解放和发展社会生产力的科学理论。

而党的十九大，在指出中国特色社会主义进入新时代的同时，在清醒分析多方面社会矛盾的基础上，提出了"以人民为中心"的发展思想，为中国人民生产力的新飞跃规划了更加广阔的道路。

新一轮经济全球化和新时代中国特色社会主义

今天，中国特色社会主义已经进入新时代。而要了解新时代中国的历史方位，进而认清新时代中国的历史使命，更需要清醒把握国际国内两个大局，特别是今天经济全球化所处的历史方位。

大家知道，正是马克思、恩格斯，在《共产党宣言》中最先指出了人类历史上第一轮经济全球化的到来（虽然当时没有使用"经济全球化"这个名词）。在那以后，经济全球化经历了一个长期曲折的发展过程。远的不说，发端于20世纪70年代的第三轮经济全球化，至今也已40年了。

40年经济全球化，40年经济大发展；40年经济全球化，40年问题大积累。而当前一个突出问题，就是有一种势头很猛的论调，以经济全球化的缺陷为借口而根本否定经济全球化，甚至把他们国内遇到的问题和困难统统归咎到别人头上。

事实上，经济全球化不仅不可能逆转，而且还在拓展和深化，正在迎来新一轮即第四轮经济全球化。尤其是在中国提出"一带一路"倡议后，加上信息化在全球迅猛推进，经济全球化正在从过去400年在大西洋、太平洋兴起的海洋经济全球化，推进到海洋经济同内陆经济打通的，人类历史上前所未有的全方位经济全球化。这就是同中国特色社会主义紧密相联系的经济全球化所处的历史方位。

另一方面，我们国内大局的最大特征，则是中国作为世界最大的发展中国家正在迎来实现中华民族伟大复兴的光明前景。党的十九大已经制定了实现这样宏伟目标的纲领和路线图，同时，十分清醒地明确宣布，我国仍处于并将长期处于社会主义初级阶段的基本国情没有变，我国是世界最大的发展中国家的国际地位没有变。新时代的中国，就是一个正在走向"强起来"的发展中大国。

历史的发展非常有意思，在世界迎来第四轮经济全球化之际，中国特色社会主义又恰在此时进入了"新时代"。新一轮经济全球化，新时代中国特色社会主义，"两新"相得益彰，意味着中国作为世界最大的发展中国家将同世界各国人民一道，在推进第四轮经济全球化的进程中迎来中华民族的伟大复兴。

归根到底是要牢牢把握
"具有中国共产党人特色的立场、观点和方法"

"具有中国共产党人特色的立场、观点和方法"，这是党的十一届六中全会通过的《关于建国以来党的若干历史问题的决议》鲜明提出的一项重大命题。"决议"强调指出"实事求是""群众路线""独立自主"这三条，就是"中国共产党人特色的立场、观点和方法"的"三个基本方面"。

事实上，没有"中国共产党人特色的立场、观点和方法"，就没有毛泽东思想关于新民主主义的战略策略；没有"中国共产党人特色的立场、观点和方法"，也不会有中国特色社会主义道路、理论和制度。应当如实地说，"中国共产党人特色的立场、观点和方法"，正是贯穿于马克思主义中国化这两大成果的"活的灵魂"。

今天强调这一点，有什么意义呢？我们都说，中国特色社会主义进入了新时代，我们离实现中华民族伟大复兴的中国梦越来越近了。这是正确的判断。与此同时，我们还要有另一个清醒的判断：对于中华民族伟大复兴而言，我们面临的是"最后的机遇"。此时此刻，我们尤其要强调始终不渝坚持"中国共产党人特色的立场、观点和方法"。

也许可以这样回溯改革开放以来的历史，能够称得上"最后"级别的机遇，有三次。一是"文化大革命"结束后，我们如果不抓住拨乱反正这个"最后的机遇"，果断摈弃"以阶级斗争为纲"，实现全党工作重点战略转移，就不会有改革开放和现代化的大发展。二是苏东剧变后，我们如果不抓住继续改革开放这个"最后的机遇"，建立社会主义市场经济体制，全面参与经济全球化，就不会有今天中国的世界第二大经济体地位。三是面对今天世界范围出现的逆经济全球化思潮，我们如果不抓住新一轮经济全球化和中国经济的结构性转型这个"最后的机遇"，同心同德，齐心协力，贯彻落实党的十九大提出的思想、方略和各个方面战略、举措，就难以实现全面建成社会主义现代化强国的宏伟目标，就会同即将到来的中华民族伟大复兴失之交臂。

因此，面对今天"最后的机遇"，面对新的种种可以预料和难以预料的巨大困难和挑战，我们格外强调要坚持"中国共产党人特色的立场、观点和方法"，紧密团结在以习近平同志为核心的党中央周围，以习近平新时代中国特色社会主义思想为行动指南，创造性地开展工作，真正干出一个新时代的中国特色社会主义。

历史性"赶考"和中国共产党

重新振起"赶考"精神
是我们对党95岁生日的极好纪念

中国共产党已经走过95年了。我们热烈庆祝党的生日！联系今天我们党正面临新的历史性重大考验，再回头来看党这95年艰辛的战斗历程，我们党的全部历史不就是一部不断经受重大考验，或者说不断"赶考"的历史吗？

大家熟知，用"赶考"这个词来形容我们党所面临考验的第一人，是毛泽东。那是1949年3月23日，新中国成立前夕，党中央机关和毛泽东即将离开"最后一个农村指挥所"西柏坡，前往北京（时称北平）的时候。他以警醒语气，深情感慨地说有两种精神状态。一种是李自成，"进了北平就变了"，精神懈怠，贪图享受；另一种是我们共产党，"决不当李自成"，我们要"进京赶考去"！毛泽东的警语，已经成为几代中国共产党人把经受重大考验叫作"赶考"的由来。

再说到党的十八大后不久，新当选中共中央总书记的习近平就到西柏坡调研。他在同县乡村干部和群众座谈时这样说："当年党中央离开西柏坡时，毛泽东说是'进京赶考'。60多年过去了，我们取得了巨大进步，中国人民站起来了，富起来了，但我们面临的挑战和问题依然严峻复杂，应该说，党面临的'赶考'远未结束。"请看，这又是何等清醒自觉、语重心长啊！

从"进京赶考"到"'赶考'远未结束"，再加上回溯党95年的战斗历程，可以悟出一个大道理：我们党从来就是不断"赶考"的。不是说考一次，考了个优等，以后就笃定优等了。没有那回事！还得接着考！

今天重温我们党的"赶考"历史，重新振起谦虚谨慎、艰苦奋斗而又大无畏的"赶考"精神，就是我们对党95岁生日的极好纪念。

中国共产党一成立就踏上了"赶考"路，在人民大革命中考出了农村包围城市这一独特的中国革命道路，考出了马克思主义中国化的成果毛泽东思想，考出了人民当家作主的社会主义新中国

1840年鸦片战争之后，中国逐步沦为半殖民地半封建社会，落后挨打，民族陷入灾难深渊，社会长久处在大动乱中。封建主义那一套不行了，从西方学来的那一套如君主立宪制、多党制、议会制等也试过，都失败了。直到一批先进的中国知识分子找到马克思主义，中国共产党应运而生，中国革命的面目才焕然一

新。中国共产党本身就是在中国人的长期"赶考"中考出来的。

中国共产党成立后，披荆斩棘，力挽狂澜，为中华民族之振兴经历了一次又一次"大考"。

第一次大考，经过北伐战争和土地革命战争，打开了一条"农村包围城市"的中国革命的独特道路。反帝反封建，是我们党的二大明确提出的民主革命纲领。但是怎么反？尤其是蒋介石反水之后，怎么反？是继续在城市，还是转入农村？在这个问题上，我们党并不是所有人一开始就有自觉，甚至身子已在农村的红军指战员中还有人提出"红旗到底能打多久"。毛泽东深刻分析当时的国内大局和国际大局后提出："一国之内，在四围白色政权的包围中，有一小块或若干小块红色政权的区域长期地存在，这是世界各国从来没有的事。"因为中国是"帝国主义间接统治的"，由"许多帝国主义国家互相争夺的半殖民地"和"统治阶级内部互相长期混战"的国家。这种立足中国国情又掌握天下大势的清醒认识，才是真正中国化的马克思主义。由此，"农村包围城市"这条符合中国国情的正确的革命道路就形成了。

第二次大考，抗日战争时期，坚持抗日民族统一战线而又顶住国民党一次又一次反共高潮，赢得了近代以来中国抗击外敌入侵的第一次完全胜利。红军长征刚到陕北落脚，一大堆考题就摆在中国共产党面前：民族矛盾上升为主要矛盾后，要不要同手中还拿着屠刀的国民党第二次握手？抗日民族统一战线中，共产党要不要保持自己的独立性？尤其是皖南事变后，跟蒋介石打不打？如果打，抗日怎么办？面对这样复杂的形势，我们党提出了"两重性"的重大战略理念："现在的政策，是综合'联合'和

'斗争'的两重性的政策"。"不是'一切斗争，否认联合'，也不是'一切联合，否认斗争'，而是联合一切反对日本帝国主义的社会阶层，同他们建立统一战线，但对他们中间存在着的投降敌人和反共反人民的动摇性反动性方面，又应按其不同程度，同他们作各种不同形式的斗争"。这种"两重性"还体现在劳动政策、土地政策等方面。由此，巩固发展了抗日民族统一战线，为赢得抗日战争胜利打下了最为广泛的群众基础。这一在斗争中形成的战略理念，也成为我们党的宝贵财富。

第三次大考，历时3年的全国解放战争时期，面对来自各方面的压力，坚持将革命进行到底。抗日战争结束后，蒋介石冒天下之大不韪，破坏重庆谈判达成的停战协定。而就我们党来说，一方面，面临以美国为首的帝国主义支持蒋介石发动全面内战的严峻形势；另一方面，由于美、英、法同苏联的关系有所缓和，苏联也施压要我们同蒋介石妥协。摆在我们党面前的是两个选择——妥协还是将革命进行到底？在这个历史关头，毛泽东又一次作出了历史性判断："（美苏之间）这种妥协，并不要求资本主义世界各国人民随之实行国内的妥协。各国人民仍将按照不同情况进行不同斗争。"就是这样，在深刻分析国内国际形势基础上，我们党作出了将革命进行到底的重大决策，最终推翻国民党反动统治，建立起人民当家作主的新中国。

第四次大考，新民主主义革命胜利后，中国怎样才能从一个落后的半殖民地半封建农业国转变为先进的工业国？面对这样的考验，党中央的决策是，把农业国到工业国的转变同新民主主义到社会主义的转变结合起来。我们党制定了以工业化为"主体"、以对农业和手工业的改造和对资本主义工商业的改造为"两翼"的过渡时期总路线，在打好工业化基础的同时，完成了社会主义改造的任务。在中国这样一个东方大国确立起社会主义基本制度，无疑是一件破天荒的大事。

总之，从1921年到1949年再到1956年这35年，中国经历了新民主主义革命和社会主义革命。中国共产党经历了从上井冈山到建立抗日民族统一战线，又从抗日战争胜利后"两个中国之命运"的决战到社会主义制度建立，总共四次大考。要问中国共产党考出了什么？考出了农村包围城市这一独特的中国革命道路，考出了以毛泽东同志为核心的党的第一代中央领导集体和马克思主义中国化第一次历史性飞跃的成果——毛泽东思想，考出了中国共产党领导的人民当家作主的社会主义新中国。归根到底，考出了一个既是中国工人阶级先锋队又是中国人民和中华民族先锋队的中国共产党。

改革开放新时期中国共产党以"赶上时代"为使命踏上新的"赶考"路，考出了真正活跃起来的中国，考出了新一轮马克思主义中国化的成果中国特色社会主义理论体系，考出了世界第二大经济体

1978年党的十一届三中全会开启了中国改革开放历史新时期，中国共产党以"赶上时代"为使命开始了新的"赶考"。

从邓小平为我们开辟中国特色社会主义道路、打开中国社会主义现代化建设新局面，到党的十八大，这34年"赶考"路，事非经过不知难。

第一次大考，是结束"文化大革命"，启动思想大解放。面对"文化大革命"这场全局性的长时间的内乱及其造成的严重的经济和思想的恶果，如何根本扭转社会沉闷停滞的局面，摒弃"以阶级斗争为纲""两个凡是"的僵化思想，阻力重重。但是，邓小平果敢地打开了思想大解放这个"总开关"，并把解放思想聚焦到搞清楚"什么是社会主义，怎样建设社会主义"，进而落到解放生产力、解放和增强社会活力上来，开辟了中国特色社会主义道路。就是这样，通过真理标准大讨论和十一届三中全会，中国从"沉闷停滞"到"真正活跃起来"，把全社会潜在的巨大生机和活力解放了出来。这是当代中国最重大最深刻的变化。

第二次大考，是应对国内外政治风波挑战。拨乱反正和开始全面改革后，一方面，我们党确立了新时期正确的发展道路和基本路线，初步解决了温饱问题；另一方面，中国社会也积累了很多矛盾。加上复杂国际因素，爆发了1989年国内政治风波。尤其是苏东剧变后，"社会主义红旗还能打多久"这个更尖锐的问题摆到了中国共产党面前。在这个何去何从的历史关头，邓小平以88岁高龄到南方多地视察，发表了举世闻名的"南方谈话"，廓清了思想混乱，坚定了中国改革和发展的大方向。随后，《邓小平文选》第三卷编辑出版，全党掀起学习邓小平理论的高潮。随之而来的，就是改革开放取得新的历史性突破，社会主义市场经济体制初步建立，全国总体上进入小康社会。

第三次大考，是成功经受住亚洲金融危机冲击，果断加入世界贸易组织。1997年爆发的亚洲金融危机，是对我国经济的一次大考验。党中央正确决策，沉着应对，使中国成功渡过这场危机，避免了遭受"亚洲四小龙"所经受的那种重挫。紧接着，面对是否加入世界贸易组织（其实质是参与经济全球化），党中央又一次作出正确决策，参与经济全球化，同时趋利避害。事实证明，我们没有被经济全球化冲垮，反而是经济全球化的受益者。随之而来的，是在新的历史起点上开始全面建设小康社会的10年，国内生产总值保持两位数快速增长，经济总量跃升为世界第二。2008年国际金融危机是又一次严峻考验，我们党继续经受住考验，同时更加自觉地致力于科学发展、和谐发展、和平发展。

正如邓小平所指出的，赶上时代是改革要达到的目的。从十一届三中全会到十八大前这34年，中国共产党以"赶上时代"为使命踏上新的"赶考"路，考出了一个真正活跃起来的中国，考出了新一轮马克思主义中国化的成果中国特色社会主义理论体系，考出了一个世界第二大经济体。

以党的十八大为标志，中国共产党从新的历史起点出发，开始了新的历史性"赶考"

党的十八大明确宣布，我们的任务依然是在中国共产党成立一百年时全面建成小康社会、在新中国成立一百年时建成富强民主文明和谐的社会主义现代化国家。我们完成这一历史任务的机遇依然存在，人民群众对我们的期望越来越高。但与此同时，我们面对的国际环境复杂严峻，经济下行压力较大，"啃硬骨头"的改革特别是供给侧结构性改革难度之大是罕见的，思想文化领域出现的多元化态势与网络化相互推动的复杂局面前所未有，党的建设也到了迫切需要全面从严治党的时候。中国特色社会主义又面临新的多方面历史性考验。现在回过头来看，习近平在西柏坡提出"'赶考'远未结束"的重大警示，意义何等重大！

面对"赶考"，以习近平同志为核心的党中央确立了一系列治国理政新理念新思想新战略，制定了一整套攻坚克难的行动纲领和路线图。短短3年多来，党中央秉持"治国必先治党，治党务必从严"的理念，从中央政治局抓起，把教育与惩治结合起来，大刀阔斧全面从严治党；制定了"全面深化改革"和"全面依法治国"这两个被称为"姊妹篇"的行动纲领，形成了"四个全面"战略布局；制定了以创新、协调、绿色、开放、共享新发展理念为指导和引领的"十三五"规划。总而言之，开局好，难度大，有大希望。

我体会，同"四个全面"战略布局相对应，有四个"双重使命"。

一是在"全面建成小康社会"纲领指引下，我们不能不面对的"双重使命"，就是既要继续完成发达国家早已完成的传统工业化，又要赶上方兴未艾的现代科学技术新的伟大革命的时代潮流，以信息化带动工业化，促进新型工业化、信息化、城镇化、农业现代化同步发展。这就要求我们不能仅仅复制传统工业化的"钢铁文明""机械文明"，更不应重复那种任由资本、技术排挤劳动和破坏环境的道路，而要以创新为第一动力，以信息化为翅膀，以绿色发展为新目标，实现十几亿中国人的国家、社会和生活的现代化。

　　二是在"全面深化改革"纲领指引下，我们不能不面对的"双重使命"，就是既要通过以社会主义市场经济为取向的经济改革来解放和发展生产力，又要促进社会公平正义、走共同富裕道路。发展社会主义市场经济以激发社会活力和效率，同促进社会公平正义、走共同富裕道路在本质上是一致的，但在这样那样的具体问题上又可能发生不一致和矛盾；在长远发展上是一致的，但在一定阶段又可能发生不一致和矛盾。这就要求我们立足当前统筹兼顾、着眼长远而不求毕其功于一役，妥善处理这一复杂问题。

　　三是在"全面依法治国"纲领指引下，我们不能不面对的"双重使命"，就是既要全面加强党的领导，又要坚持党在宪法和法律范围内开展活动。党领导人民制定宪法法律，党领导人民实施宪法法律，党自身必须带头在宪法法律范围内活动，这是党的高度自觉，也是党的领导力量的具体体现。党的领导和依法治国是高度统一的，这个关系处理得好，则法治兴、党兴、国家兴；处理得不好，则法治衰、党衰、国家衰。

　　四是在"全面从严治党"纲领指引下，我们不能不面对的"双重使命"，就是既要从严治吏，解决一些干部"乱作为"甚至胡作非为的问题，又要激发广大干部的理想信念和担当精神，克服干部"不作为""能力不足"等新问题。从严治党要解决领导干部这个"关键少数"中存在的消极腐败问题，更要调动这个"关键少数"的积极性、主动性和创造性，注重提高干部的制度执行力。党的干部工作能否经受住面临的新考验，关系到我们事业的成败。

同国内大局相联系，国际大局也包含着我们不能不面对的又一项"双重使命"，就是既要始终不渝走和平发展道路，又要坚定维护国家主权和安全（包括建设强大的国防），走出一条近代以来世界历史上从未有过的大国和平发展之路。一方面，和平与发展仍是时代主题，和平、发展、合作、共赢仍是时代潮流；另一方面，冷战思维、霸权主义、强权政治仍是个别大国的行为特征。新型大国关系与传统大国关系并存，而前者处于新生态势，后者盘根错节。对此，无外乎三种作为：一是固守冷战思维，搞各种形式的冷战；二是世界大战虽打不起来，却搞局部热战；三是走新路，管控好分歧，培育共同而非排他的"朋友圈"，构建国家之间、地区之间各种形式的利益汇合点和利益共同体、命运共同体。对于前两种作为，我们一反对、二不怕。我们主张第三种作为。

总之，定下心来，韧性战斗，确保中央已定政策不走样、不变形，确保中央的政策落地生根，我们新的历史性"赶考"之路一定能越走越宽广。

"赶考"归根到底考的是党，考出了"两个先锋队"的中国共产党，而赶上"新的群众的时代"则是党所面对的最新考题

95年"赶考"路，中国共产党从1921年一个50余人的小党，历经千难万险、牺牲奋斗，到今天成为拥有几千万党员的大党。党最终实现共产主义的远大理想坚定不移，同时又矢志不渝在中

华民族伟大复兴道路上，领导人民独立自主搞革命、独立自主搞建设、独立自主搞改革，在当前和今后很长历史时期致力于建设中国特色社会主义。应当说：中国共产党是中国工人阶级的先锋队，同时是中国人民和中华民族的先锋队。这样的党，举世无双！

95年"赶考"路的历史经验反复证明："赶考"，归根到底考的是党。而党之所以能够奋斗95年，并且还要继续奋斗下去，当然不是由于党一贯正确、没有错误，而是由于党能够为人民完善自己、修正错误，拥有极其重视自身建设、勇敢纠正自身错误的高度自觉。这就是为什么党在各种各样严峻考验面前能够经受风险、浴火重生的根本原因。

请再回头看一看我们党95年是如何加强自身建设的吧。从古田会议到延安整风到第一个历史问题决议，从真理标准大讨论到第二个历史问题决议，从"三讲"到"保持共产党员先进性教育"，从"学习实践科学发展观"到"党的群众路线教育实践"，从"三严三实"到"两学一做"，一以贯之。中国共产党之所以能够成为中华民族伟大复兴的领导核心、主心骨和领路人，根本原因就在于此。

党能够自己起来修正错误，是一个方面；而党能够面向未来，保持对时代的清醒理解和把握，是另一方面。"赶考"，说到底就是"赶上时代"。事情就是这样：95年来，正是世界大变动、中国大变动的历史要求，启动了中国共产党的"赶考"并"倒逼"着党的马克思主义新觉醒；而中国共产党"赶考"所实现的马克思主义新觉醒，又反过来持续启动和引导了中国一波又一波的历史大变动，持续启动和引导了中国"赶上时代"。"赶上"本身，就包含要"超越"、要"引领"。

"赶上时代"有国际大局和国内大局两个方面。就国际大局来说，前面已经说过，这里只补充强调一点：在清醒把握时代主题和国际关系的前提下，我们还要深入观察、精心把握当代世界各个领域各个侧面呈现的新特点及其发展势头。比如说：新的社会生产力大飞跃的历史特点，新的科技、教育、文化大发展的历史特点，新的社会政治制度（包括政治、经济、文化、国防体制）优劣相较量的历史特点，国际深度合作与激烈竞争并存的历史特点，和平发展与危险冲突（冷战、热战危险）交织的历史特点，如此等等。这样的一系列新特点，我们现在也许还不能见其全貌，但是它们的演化和趋势正在展开，不能不引起我们的高度注意。

再就国内大局来说，千头万绪，要求我们更加认真注意。这里只强调一点：我们今天所面对的，是新的时代、新的群众，是新的群众的时代。人民群众是我们的"上帝"，这是毛泽东在党的七大说过的。在延安文艺座谈会上他还说，必须"和新的群众相结合""和新的群众的时代相结合"。在建党95周年的此时此刻，我们国家和社会的面貌发生了翻天覆地的变化，这当中一个最大最值得我们重视的变化是，我们面对的是21世纪的新的时代的群众，而这样的"新的群众"已经成为我们的劳动大军、科技大军、教育大军、文化大军、国防大军还有创业大军，已经成为我们党的队伍和干部队伍的新生力量。新的时代的群众不仅朝气蓬勃、创新精神更足，而且自我意识强。肯定无疑的是，他们将是我们实现"两个一百年"奋斗目标和中华民族伟大复兴中国梦的主力军，代表着中国的未来。这就要求我们党下功夫学会善于联系和依靠"新的群众"。这可是一个极关紧要的最新大考！这同时也就意味着，我们党历史上曾经凝聚了亿万人民群众人心的有名的群众路线，今天应当提到更加突出的地位，并且应当得到更大的发展。

党的十八大号召我们："准备进行具有许多新的历史特点的伟大斗争"。新的时代的"伟大斗争"已经来临！新的时代的"赶考"已经来临！此时此刻，更需要我们增强政治意识、大局意识、核心意识、看齐意识，在以习近平同志为核心的党中央带领下，同心同德，齐心协力，为实现中华民族伟大复兴的中国梦贡献我们的力量。

归结起来，就是一句话：重新振起谦虚谨慎、艰苦奋斗而又大无畏的"赶考"精神，就是我们对党的95岁生日的极好纪念！

共建"一带一路"和中国历史性新机遇

当前，世界经济深刻调整，一些国家单边主义、贸易保护主义抬头，逆全球化思潮涌动。与之形成鲜明对比的是，2018年中国召开推进"一带一路"建设工作5周年座谈会，举办上海合作组织青岛峰会、中非合作论坛北京峰会和首届中国国际进口博览会，成为经济全球化的重要推动力量。面对错综复杂的国际形势，中国如何抓住战略机遇期？我们有必要谈谈共建"一带一路"在形成大市场、推动新一轮经济全球化等方面给中国和世界带来的大机遇、新机遇。

共建"一带一路"是大机遇、新机遇

讲中国新机遇，共建"一带一路"及其形成的中国新开放战略就是大机遇、新机遇。为什么这样说呢？

首先，看一看过去5年共建"一带一路"取得的进展。"一带一路"倡议是一个开放性的倡议，是中国和相关国家相互开放、共同发展的新开放战略。这一倡议提出仅仅5年，就已经有130多个国家和国际组织同中国签署了共建"一带一路"合作协议。前不久，在推进"一带一路"建设工作5周年座谈会上，习近平总书记在回顾2013年秋天提出共建"一带一路"倡议以来所取得的重大进展时说，5年来，共建"一带一路"大幅提升了我国贸易投资自由化便利化水平，推动我国开放空间从沿海、沿江向内陆、沿边延伸，形成陆海内外联动、东西双向互济的开放新格局；我们同"一带一路"相关国家的货物贸易额累计超过5万亿美元，对外直接投资超过600亿美元，为当地创造20多万个就业岗位，我国对外投资成为拉动全球对外直接投资增长的重要引擎。由此可见，中国同"一带一路"相关国家进行政策协调、实现优势互补所产生的效益明显具有"1+1＞2"的特点，许多项目都对当地发展产生了积极作用。现在，不仅发展中国家积极参与"一带一路"建设，欧盟、英国、日本等都有意愿与中国进行基础设施的"第三方合作"。这种新型开放战略，对中国来说，对沿线国家来说，对所有的参与方来说，不就是大机遇、新机遇吗？

其次，更为重要的是，共建"一带一路"已经并正在开辟一个超大型的世界大市场。实际上，中国本身就是一个大市场。这个中国大市场，不仅在于存量，更在于增量，在于它所具有的"市场力"。中国有13亿多人口，有176万亿元储蓄余额，有世界上最大规模的中等收入群体及其形成的巨大消费能力，有8亿多网民及其对新型智能市场的巨大推动力，还有由新供给激发出来的崭新的消费需求，而且还在继续发展中。这一"市场力"存在于民间，存在于新生代劳动力的增长中，是一股不可遏制的力量，具有强大的增长力、辐射力、吸引力，也是能够吸引世界各国新技术的大磁场。这样的"市场力"，是我国持续发展的根本内生动力。也就是说，我们有可观的生产力，有强大的国防力，有独特的文化力，有举世无双的社会治理力，而今再加上一个现代市场力。在中国共产党全面领导下，坚持以人民为中心，推进以这"五大力"相结合为基础的中国大市场的发展，本身就是巨大的战略力量，已经并将愈益深刻影响全球变局的走向。与此同时，共建"一带一路"还引导着世界市场新的平衡。当今世界，实体经济滞后于虚拟经济，部分发展中国家经济滞后于整体世界经济。通过共建"一带一路"，把这两方面滞后部分带动起来，尽量向前靠拢，实现新的平衡，这符合世界市场发展的规律。市场不是万能的，但没有市场是万万不能的。我们可以非常明确地说，"一带一路"就是市场，是通过国际合作、共商共建共享，把世界经济推向更高水平、更新阶段的大市场。什么叫机遇？市场就是机遇。什么叫大机遇？大市场就是大机遇。什么叫新机遇？新市场就是新机遇。

再次，共建"一带一路"的前景展现出中国新开放战略必将带来大机遇、新机遇。习近平总书记指出，经过夯基垒台、立柱架梁的5年，共建"一带一路"正在向落地生根、持久发展的阶段迈进。我们要百尺竿头、更进一步，在保持健康良性发展势头的基础上，推动共建"一带一路"向高质量发展转变，这是下一阶段推进共建"一带一路"工作的基本要求。与此同时，他还提出要坚持稳中求进工作总基调，贯彻新发展理念，集中力量、整合资源，以基础设施等重大项目建设和产能合作为重点，解决好重大项目、金融支撑、投资环境、风险管控、安全保障等关键问题，形成更多可视性成果，积土成山、积水成渊，推动这项工作不断走深走实。这些决策说明了什么？说明了我们的党中央很清醒，问题已经看到，要求相当清楚，措施十分有力，前途必定光明。

共建"一带一路"和新一轮经济全球化大趋势

讲中国新机遇，不能不讲共建"一带一路"正在把经济全球化推进到一个崭新的发展阶段，为中国实现社会主义现代化增添了强劲动力。

首先，我们估量到，经济全球化进程中出现的问题并不意味着经济全球化的终结或逆转，而是意味着经济全球化经过近40年发展，正呼唤着一个历史转折点的到来。发端于20世纪70年代的这一轮经济全球化，应该怎么看？40年经济全球化，40年经济大发展；40年经济全球化，40年问题大积累。谁也不能否认，过去40年的这一轮经济全球化，既对世界经济发展作出了重大贡献，又带有明显缺陷。面对问题，我们面前有两条路线：一条路线，在"本国优先"的口号下，通过封闭、排外的方式找出路；另一条路线，在"人类命运共同体"的旗帜下，通过国际秩序改革和经济结构调整，推进经济全球化进入新阶段。前一条路线，退回到经济全球化出发前的原点，甚至比原点还要恶劣，显然不是出路。后一条路线，解决经济全球化进程中出现的问题，继续往前走，这才是正确的选择。也就是说，今天我们面临着一个历史转折点，需要我们以更大的勇气、更多的智慧，迎接经济全球化新阶段的到来。这就是我们讨论"一带一路"国际合作的背景。

其次，我们估量到，"一带一路"倡议反映的既是发展中国家要发展的时代要求，也是发达国家要再发展的新要求。过去的经济全球化，一轮又一轮，参与者中也有发展中国家，但主要是发达国家。现在则不一样了，一大批发展中国家已经成为经济全球化的新主体。在"一带一路"倡议提出之初，有人把它说成是中国过剩产能的转移，有人称它是中国版的"马歇尔计划"，有人胡说是新殖民主义，有人挑拨离间说是中国要排斥欧美。所有这些言论，都是以陈旧的思维看问题，不懂得"一带一路"倡议的本质是经济全球化，是顺应经济全球化进入新阶段的时代潮流所提出的战略构想。

再次，我们还估量到，从全球经济治理看，国际经济秩序也面临新一轮深度调整和重塑。回溯历史，我国在改革开放中经过努力、付出代价，加入了世界贸易组织（WTO），打开了局面，使中国在和平发展进程中实现了跨越式发展，成为世界第二大经济体。今天，我们已经是WTO重要成员，始终没有脱离WTO。现在，有的国家提出要修改WTO规则。肇始于第二次世界大战之后的世界贸易体系特别是WTO，的确有一些需要改革的问题。今天既然说要改革，中国绝不可能被动，更不可能被排除在外。今天，中国正在培育世界上最大最好的市场，形成现代市场力，将能为推动全球形成"市场联合体"即升级版WTO作出积极贡献。可以这样说，进一步发展和提升我们的"大市场"，进而在国际范围推动并逐步形成以升级版WTO为框架的更大范围"市场联合体",将使中国抓住历史性新机遇,在同经济全球化进一步相联系而不是相脱离的进程中独立自主建设中国特色社会主义,实现中华民族伟大复兴。

需要强调的是,总体上把握前景,国际大局仍将是"两重性"发展:经济全球化和世界多极化趋势更加明显,广大发展中国家共同和平发展以及发达国家再发展,国际力量对比更趋均衡,这是一方面;另一方面,地缘政治动荡和各种形式的冲突,包括民粹主义蔓延和国际关系中的霸权主义相结合引发的多方面冲突,也将难以避免。对于这种新形势下"两重性"发展的充分精神准备,将是我们事业胜利必不可少的精神条件。

面对错综复杂的国际形势,我们应该明确两点。第一点,我们具有建立在"大市场"基础上的人类利益共同体和人类命运共同体的全新国际关系理念,由此形成的"吸引力"是一种克"难"制胜的强大战斗力。第二点,我们具有在困难、复杂态势下"熬得过"的"持久战"传统,由此形成的"忍耐力"是又一种克"难"制胜的强大战斗力。一个是"吸引力",一个是"忍耐力",两"力"合在一起,带来的就是中国持久发展最大的机遇。

中国会变成一个大强国而又使人可亲

中华民族要站起来，要富起来，要走向强起来，要建成一个强大而又使人可亲的社会主义现代化国家。这是新中国成立以来70年的奋斗历程及其光辉前景。

新中国成立这70年，实实在在是中华民族伟大复兴的艰难奋斗历程中一个扭转乾坤的历史阶段，是中国为"变成一个大强国而又使人可亲"而砥砺奋进的辉煌历程。中国人民爱国主义的悠久传统，在全新历史条件下得到最新发扬。

中国人民要建设的"大强国"，应是习近平总书记所要求的"重真情、尚大义"、使人可亲的社会主义现代化强国。

在中国人民前进的道路上仍将充满风险和挑战。但是，久经考验的中国共产党人和中国人民不信邪、不怕压。新时代，我们将迎来的是一个前所未有的、具有特殊重大意义的战略机遇期。

在中华人民共和国成立70周年之际，想起了毛泽东在20世纪50年代，在我国进入社会主义之初说过的一句话："中国会变成一个大强国而又使人可亲。"短短一句，总共16个字，却使人感到一种内涵深刻的强大历史贯穿力。一代伟人对中华民族伟大复兴的这一殷殷期望，贯穿着从那时起直到今天以至尔后多少年。

这里一个基本的历史联系，就是中华民族要站起来，要富起来，要走向强起来，要建设一个强大而又使人可亲的社会主义现代化国家。而这也正是新中国成立以来70年的奋斗历程及其光辉前景。我们今天隆重庆祝新中国成立70周年，就是要进一步振奋伟大的爱国主义精神，在以习近平同志为核心的党中央领导下，继续全民奋起，发扬斗争精神，向着这个光辉前景迈进。

近代以后200年民族复兴的历史追求和
新中国70年爱国主义的最新发扬

大家知道，"中华民族伟大复兴"，是中国共产党郑重提出的全党全国人民的共同奋斗纲领。

之所以在这里突出提出"复兴"，是因为近代以来中华民族饱经磨难。中国近代史起于1840年鸦片战争，正是那场战争，一巴掌把中国打入半殖民地。从那时起，经过109年多少重大回合的浴血奋战，才建立了中华人民共和国。如果以30年为一代人来计算，这109年就是三四代人啊！而新中国成立后到今天的70年，则是两代人还多；如果再加上从现在起到本世纪中叶实现第二个百年奋斗目标的今后30年、一代人，又是一个100年、三四代人啊！所以，算一笔总账：从鸦片战争到实现第二个百年奋斗目标，共计210年，总共要有七代中国人的艰苦奋斗。

这就叫作中国近代史、现代史和正在书写的中国当代史。或者说，这就叫作中国近代以后200年的"愚公移山"史。或者再换句话说，这就叫作有几千年文明史的中国人民爱国主义传统在近代以后200年中的最新发扬。

说到这里，必须强调一点，在这200年中真正起决定作用并且真正成功的，是从1921年起步的中国共产党及其领导的中国人民发扬爱国主义所进行的伟大斗争。

正如习近平总书记所指出的，中国共产党成立，"这一开天辟地的大事变，深刻改变了近代以后中华民族发展的方向和进程，深刻改变了中国人民和中华民族的前途和命运，深刻改变了世界发展的趋势和格局。"正是在中国共产党领导下，以中国化马克思主义为指导，中国人民进行了新民主主义革命、社会主义革命和建设、在改革开放中建设中国特色社会主义。今天，我们在中国特色社会主义进入新时代的条件下，在全面建成小康社会基础上再分两步走：2035年基本实现社会主义现代化；2050年把我国建设成为富强民主文明和谐美丽的社会主义现代化强国。

这样，我们面前又有一笔"两个一百年"的总账：一是从1921年中国共产党成立到2020年全面建成小康社会，这是头一个100年；二是从1949年中华人民共和国成立到本世纪中叶把我国建成社会主义现代化强国，这是第二个100年。这也就是我们现在常讲的"两个一百年"奋斗目标。

放到中华民族伟大复兴的200年中来看新中国成立以来这70年，放到中国共产党领导中国人民进行伟大奋斗的近百年中来看新中国成立以来这70年，可以体会到，这70年实实在在是中华民族伟大复兴的艰难奋斗历程中一个扭转乾坤的历史阶段，是中国为"变成一个大强国而又使人可亲"而砥砺奋进的辉煌历程。中国人民爱国主义的悠久传统，在全新历史条件下得到了最新发扬。

新中国70年和中国近代以来的三次伟大民族觉醒

观察当代中国问题不可或缺的一个视角，就是中国的历史命运既来自中国的大变动，又同世界的大变动相联系。具体地说，近代以来中国社会大变动的三次大转折，同世界范围三轮经济全球化的曲折发展密不可分。

第一轮严格意义上的经济全球化始于16世纪，盛于18世纪中叶，当时中国正处于"落日辉煌"的"康乾盛世"，而英国的工业革命方兴未艾。发生鸦片战争的1840年，恰恰是英国国内铁路网建成之年。这两件事发生在同一年，不是偶然的，恰好说明英国工业革命基本完成之日，即是中国被一巴掌打入半殖民地之时。

从那时起，为了救亡图存和振兴发展，从近代中国"睁眼看世界第一人"林则徐，到喊出"振兴中华"口号、领导辛亥革命、建立中华民国的伟大革命先行者孙中山，中国人从未止息可歌可泣的战斗。

第二轮经济全球化始于19世纪末20世纪初，西方资本主义国家进入帝国主义阶段。但是在20世纪上半叶30多年间先后爆发的两次世界大战，使得这一轮经济全球化的进程中断了。

中国人抓住时机起来革命。在以毛泽东同志为主要代表的中国共产党人卓越领导下，经过北伐战争、土地革命、抗日战争和解放战争，中国人民推翻了帝国主义、封建主义、官僚资本主义三座大山，建立了中华人民共和国，实现了民族独立和人民解放，并且从新民主主义过渡到社会主义，取得了社会主义建设的巨大成就。

第三轮经济全球化始于20世纪70年代末80年代初，美国在越南战争中失败，苏联也在阿富汗战争中受挫。有资格打世界大战的这两个超级大国的全球战略先后遭受重大挫折，世界逐渐形成和平与发展成为时代主题的新格局。

中国人又抓住了新的时机。1978年，党的十一届三中全会决定实行改革开放，为实现中国的社会主义现代化而奋斗。经过40多年努力奋斗，中国共产党人成功地开创了一条在开放中谋求共同发展的道路。中国坚持对外开放基本国策，奉行互利共赢的开放战略，不断提升发展的内外联动性，在实现自身发展的同时更多惠及其他国家和人民。

这就是三轮经济全球化和中国命运的三次历史性大转折。在这个曲折而复杂的进程中，围绕"救亡图存"和"振兴发展"，中国人先后认识到"天朝大国"已经腐朽，必须推翻帝制、建立共和国以图强；认识到照搬西方道路走不通，必须走新民主主义革命道路、建立人民共和国以图强；又认识到实现社会主义现代化不能走老路，也不能走邪路，必须开创中国特色社会主义新路、实行改革开放以图强。正是"中国会变成一个大强国而又使人可亲"的梦想，推动着中国人以中国化马克思主义为指导把这三次伟大觉醒相连接，并在新中国成立以来的不屈不挠的持久奋斗中开辟了一条中华民族伟大复兴的正确道路。

抓住新时代新的历史机遇，
走向"大强国而又使人可亲"的明天

对伟大革命最好的纪念，是把注意力集中到正待完成的革命任务上来。今天，在以习近平同志为核心的党中央领导下，中国特色社会主义进入新时代，这标志着近代以来历经磨难的中华民族迎来了从站起来、富起来到强起来的伟大飞跃。而这个"强起来"，展开地说，就是建立一个作为"大强国而又使人可亲"的中国。

建成"大强国"，关键在于发展生产力、市场力、创新力、国防力、社会治理力和文化力。中国一定能够在新发展理念引领下实现国民经济从"高速度"到"高质量"的转型，形成高端生产力；中国一定能够在全面深化改革推动下实现公有制为主体、多种所有制经济共同发展新格局，形成更加旺盛的市场力；中国一定能够在工业化和信息化相结合进程中实现科技革命突飞猛进发展，形成可持续的创新力；中国也一定能够在军队改革中实现新军事变革，形成维护国家安全和世界和平的国防力。关于社会治理力，这里只想着重指出中国扶贫事业的成功发展，已经成为改变中国面貌且具有划时代意义的一大亮点。至于文化力，这里需要特别说到的是，中华优秀传统文化经过几千年从未中断的曲折发展，形成了独具特色、举世无双的伟大文化力。这样的文化力，乃是中华民族基于历史积累而形成的强大凝聚力、生命力和创造力，以及由此产生的强大吸引力、亲和力。它是"大强国"的综合国力中非常重要的组成部分，实际上是"大强国"能够

"使人可亲"的前提条件。

"使人可亲"，体现在国内，是对中华优秀传统文化进行创造性转化和创新性发展，在全面推进社会主义法治建设、社会主义核心价值观建设中，形成更加和谐的人际关系；体现在国际，是中国顺应和平、发展、合作、共赢的时代潮流，在和平发展道路上与世界各国共同构建人类命运共同体，与世界和谐相处，成为维护世界和平的坚定力量。

说到这里，我们可以读一读习近平总书记在2017年春节团拜会上所说的一段话："真情，需要用社会主义核心价值观来引领，需要用中华民族传统美德来滋养。真情，是不虚、不私、不妄之情。真情不虚就是要忠诚老实、诚恳待人，真情不私就是要砥砺品德、刚正无私，真情不妄就是要光明磊落、坦坦荡荡。唯有如此，亲情、友情、爱情、同志之情才能高尚恒久，才能有益于自己，有益于亲人、友人、所爱之人、同志之人，也才能铸就守望相助、天下同心的人间大爱。我们要让真情大义像春风一样吹遍神州大地，吹进千家万户，给每一个中华儿女带来温暖。"由这一大段话得到启示，中国人民要建设的"大强国"，正应是习近平总书记所要求的"重真情、尚大义"、使人可亲的社会主义现代化强国。

毫无疑问，中国人民前进道路上仍将充满风险和挑战。但是，久经考验的中国共产党人和中国人民不信邪、不怕压。别的不说，只就当前国际范围猖獗一时的贸易保护主义和民粹主义而论，我们就决不相信这类逆时代潮流而动的东西能够得逞。恰恰相反，这类丑恶东西只能使中国更加警觉、更加清醒，从而更加牢牢把握新时代的战略机遇期。

新时代，我们将迎来的是一个前所未有的具有特殊重大意义的战略机遇期。就国际大局来说，它将是一个同经济全球化向着新一轮（第四轮）发展相联系的战略机遇期；它将是一个同世界格局向着多极化发展相联系的战略机遇期；它将是一个同包括中国在内的一大批发展中国家共同和平发展相联系、并同一批发达国家再发展相联系的战略机遇期；它将是一个同新时代中国特色社会主义按照总体布局、战略布局向上跃升相联系的战略机遇期；它还将是一个同个别大国单边主义、霸权主义不可避免走向相对弱势以至没落相联系的战略机遇期。

就国内大局来说，这个新时代的战略机遇期，除了前面说到的"六大力"的大发展之外，这里还要强调一点，就是今天中国正在迎来一个"新的群众的时代"，中华民族伟大复兴的历史重任已经落到"新的时代的群众"身上。"80后""90后"和即将进入社会的"00后"作为"新的群众"，正在成为新时代实现中华民族伟大复兴的生力军。中国共产党党员9000多万人，其中30%是"80后""90后"的年轻人。这样的朝气蓬勃的"新的群众"的先锋力量，作为社会主义建设者和接班人，正在以爱国爱党爱社会主义相统一的当代爱国主义，挑起实现"两个一百年"奋斗目标的历史重担。这可是中华民族在新时代兴旺发达的带有根本性的动力源泉，也是党的工作必须紧密联系的新兴力量。

这就叫作天下大势，这就叫作时代潮流。

成为一个大强国而又使人可亲，
关键在中国共产党

中国共产党作为中国工人阶级的先锋队，同时是中国人民和中华民族的先锋队。中国共产党人是坚定的共产主义者，同时又是伟大的爱国主义者。正是中国共产党领导的人民大革命，使得"占人类四分之一的中国人从此站立起来了"；中国共产党领导的改革开放，使得中国和中国人民"富起来"了。中国共产党也一定能够领导我们伟大的民族从"富起来"迈向"强起来"。

办好中国的事情，关键在中国共产党。这首先指的是，关键在中国共产党的领导。同时指的是，关键在中国共产党的自我革命。在中国共产党的自我革命中实现中国共产党的正确领导，这是中国人民经过长期革命、建设、改革获得的重要历史经验。

担负着新时代重任的中国共产党人，将始终恪守中国共产党在长期斗争中形成的"具有中国共产党人特色的立场、观点和方法"，这就是实事求是、群众路线和独立自主。这是中国共产党之所以能够带领中国人民实现"站起来"和"富起来"的法宝，也是中国共产党在新时代能够进一步带领中国人民迈向"强起来"的明天，把中国建设成为一个"大强国而又使人可亲"的社会主义现代化国家的法宝。

还要指出的是，建设一个"大强国而又使人可亲"的国家不可能一帆风顺。正如习近平总书记近日在中央党校（国家行政学院）中青年干部培训班开班式上指出的："在前进道路上我们面临的风险考验只会越来越复杂，甚至会遇到难以想象的惊涛骇浪。我们面临的各种斗争不是短期的而是长期的，至少要伴随我们实现第二个百年奋斗目标全过程。"而随着中国特色社会主义伟大事业的发展，能否抓住和用好重要战略机遇期，将越来越取决于我们在具有许多新的历史特点的伟大斗争中的作为，取决于我们自己的路线、战略和实际工作。历史的经验已经反复证明这一点，今后的发展将更加有力地证明这一点。我们应当努力。

改革开放再出发

2018年习近平总书记在广东发出"改革开放再出发"的号召。我们要把中国"改革开放再出发"这个贯通全局的重大命题同广东改革发展的实践结合起来，并且同新一轮经济全球化的时代大势结合起来。通过这"两个结合"，来读懂新时代的中国。

"改革开放再出发"的两重含义和新的战略机遇期

"改革开放再出发"，作为新时代中国特色社会主义战略全局部署的一个重大命题，集中凝练而又通俗生动地表达了以习近平同志为核心的党中央，面对21世纪20年代的中国大变局和世界大变局而作出的战略决策。

这里有两重含义。一重含义，是这个"再出发"，必定是牢牢立足于改革开放40年伟大成功基础之上的"再出发"。另一重含义，则是这个"再出发"，又必定是面向未来，面向国际国内新前景，面向21世纪20年代的时代潮流和战略机遇期的"再出发"。

那么，这里首先有一个问题，就是我们面临的是一个何等样的，前所未有且将具有特殊重大意义的战略机遇期呢？

是否可以这样说：第一，这将是一个同经济全球化向着新一轮（第四轮）发展相联系的战略机遇期；第二，这将是一个同世界格局进一步向着多极化发展相联系的战略机遇期；第三，这将是一个同包括中国在内的一大批发展中国家共同和平发展相联系，并同包括美国在内的发达国家再发展相联系的战略机遇期；第四，这将是一个同新时代中国特色社会主义按照总体布局向上跃升相联系的战略机遇期；第五，这还将是一个同大国单边主义、霸权主义在曲折中不可避免走向相对弱势以至没落相联系的战略机遇期。

变成大强国而又使人可亲的关键一招

"改革开放再出发"当然不是一个空洞口号，而是要在中国特色社会主义进入新时代的条件下，围绕着2020年全面建成小康社会，尔后再用30年时间把我国建设成为富强民主文明和谐美丽的社会主义现代化强国这样一个总目标，而采取的关键一招。

正是围绕这一点，请再来看两项数据。一项数据是，今天中国一半以上人口仍然生活在农村地区和小城镇，而且无论人均国内生产总值水平、科技教育水平还是生态水平，都还比较落后。又一项数据是，即便到2050年，尽管那时中国国内生产总值总量可能超过美国，但是人均国内生产总值只能达到美国的百分之六七十。

这就叫作"一分为二"——中国基本国情问题上的"一分为二"。这样的"一分为二",实际上也就是警醒我们,一定不能骄傲自满,一定要从现在起以"改革开放再出发"的新奋斗来迎接中国从富起来到强起来的伟大飞跃,而且一定还要在那之后继续向上奋进。

那么就当前来说,围绕"改革开放再出发",紧迫课题有哪些呢?大体而言是三项:一要保障中国从速度型经济向质量型经济的转型;二要保障区域经济特别是粤港澳大湾区、长江三角洲和京津冀这三大区域的发展,同时进一步解决东部、中部、西部地区发展不平衡问题;三要加大科技创新特别是自主创新力度,推动制造业从中低端向中高端提升。

总之,建成"大强国"的关键一招,就是"改革开放再出发",舍此没有第二条路。

中国人民生产力、创新力、市场力、社会治理力这"四大力"的全方位发展

从总体上说,"再出发"所要达到的境界,就是围绕完善和发展中国特色社会主义制度、推进国家治理体系和治理能力现代化这一总目标,实现新时代中国"再发展"。

一是解放和发展"生产力"。比如2019年我国推出力度空前的减税降费措施,把制造业等行业的税率从16%降为13%,交通运输业、建筑业等行业的税率从10%降至9%。仅这一条,就为企业尤其是民营企业减轻2万亿元的税费负担。2020年还要制定

"十四五"规划，这是在全面建成小康社会基础上向强国梦迈进的第一个五年规划，将进一步推进中国区域经济和城市群的协调发展，形成生产力全面发展新态势。

二是实施创新驱动发展战略，提升"创新力"。这里一个极重要方面，就是推进高科技产业、5G、人工智能等新兴产业的发展。比如中国的华为公司，这是一家真正老老实实干创新，因而拥有较强科技竞争力的民营企业。它坚持每年把10%以上的销售收入投入研究与开发，近10年累计投入的研发经费超过了4800亿元。现在，华为拥有1554项5G标准关键专利，占到全球专利总数的15%，位列世界第一。美国对华为的打压，不仅打不垮华为，反而帮助华为进一步认清自身的优势和弱点，同时也帮助更多中国企业认清自己的机遇。

三是进一步完善社会主义市场经济体制，打造更加健全的"市场力"。这就是使市场在资源配置中起决定作用，同时更好发挥政府作用，包括健全保护知识产权制度等。自从2013年在上海建立自由贸易试验区以来，中国已经分三批在上海、广东、福建、天津、辽宁、浙江、河南、湖北、重庆、四川、陕西、海南、山东、江苏、广西、河北、云南、黑龙江建立了18个自贸区。

四是进一步完善政府的社会服务功能，打造更有效能的"社会治理力"。以"精准扶贫"来说，已经实施6年，结果是贫困人口从2012年的9899万人减少到2018年的1660万人，6年减贫8000多万人，平均每年减少1300万人。今年将再减1000万，明年只剩600多万。与此同时，随着"乡村振兴"战略的推进，全面加强对农业、农村、农民这"三农"的帮扶力度，包括完善农村地区的社会服务网络，确保农村贫困人口的义务教育、基本医疗、住房安全，农村面貌还将大变。

新一轮经济全球化和中国的再发展

"改革开放再出发"以及由此带来的"再发展"，是同世界格局变动特别是新一轮经济全球化的到来，紧密联系在一起的。

进入21世纪第一个十年后期，在经济全球化问题上，一方面有重大推进，另一方面又有重大逆动。重大推进，是中国关于"一带一路"的构想应运而生。而重大逆动，是美国在对待经济全球化问题上的严重倒退。

首先来看"一带一路"。应当说，这里启动的，乃是一个前所未有的经济全球化新局面。过去的经济全球化，一轮又一轮，从大西洋到太平洋，基本上都是海洋经济全球化。而今天的"一带一路"，则是内陆经济以巨大体量成为经济全球化的又一大主体。从而全方位地打通海洋经济和内陆经济，全面带动中国东中西部，全面带动欧亚大陆从东到西，以至联通非、美大陆的经济合作和发展。可以说，新一轮经济全球化的最大特点就在这里。

但是另一方面，重大逆动，则是大国单边、霸权主义的猖獗。我们从来肯定，从20世纪70年代开始的美国设计和主导的第三轮经济全球化，曾对世界经济发展作出有益贡献，但是与此同时，我们又从来清醒估量，美国的根本性追求乃是维护其作为唯一超级大国的全球霸主地位。近些年却又出了新招，到处大打贸易战，甚至以退出以至完全抛弃全球化相要挟。但是，今天世界上的事情决非美国一家说了算。备受瞩目的新一轮中美经贸高级别磋商之所以能够取得实质性进展，即是有力例证。

当前，一个迫切重大问题提到面前，时代呼唤经济全球化的全新架构。习近平主席前不久在G20提出的四项主张，恰恰就是这种历史性要求的鲜明反映：第一，在开放中做大世界经济的蛋糕；第二，在创新中发掘世界经济的新动力；第三，在包容中破解世界经济失衡的难题；第四，在联动中完善全球经济的治理。

总之，世界正迎来一个以多极化世界为基础，以利益汇合点、利益共同体基础上的"人类命运共同体"为主轴，以"和平与发展"为真正主题的，新一轮（第四轮）经济全球化。

中国的事情，关键在中国共产党

中国能不能成功地"再发展"，关键不在别人，而在自己，在中国共产党。

历史证明中国共产党能够领导中国"站起来""富起来"，未来还将证明中国共产党能够领导中国"强起来"。根据呢，三大条。一是，中国共产党作为一个百年大党，它的根深深扎在中华民族文明传统这块肥沃土壤之中，是全心全意为实现中华民族伟大复兴而奋斗的中国工人阶级先锋队、中国人民和中华民族先锋队。二是，中国共产党坚持马克思主义中国化，因而又总是能够在发扬光大中华民族文明传统的同时，敏锐把握时代发展，赶上时代以至引领时代。三是，中国共产党还是一个勇于自我革命的党，不仅为人民坚持真理，也为人民修正错误，自觉清除自身肌体的腐败因素，因而能够保持先进性和纯洁性。

不容否认，中国共产党犯过错误。但是从修正错误中翻身，恰恰是中国共产党的一个重大历史特点。面对今天如此严峻的国际国内大变动形势，要求中国共产党和全体中国人民更加清醒、更加警觉和更加谦虚。在以习近平同志为核心的党中央领导下，新时代的中国会变成一个大强国而又使人可亲。同时，期望国际社会能够理解和尊重中国人的这种努力和愿望。

如果国际朋友能以这样的视角来"读懂中国"，更深入地理解中国共产党和中国人民；与此同时，中国共产党和中国人民也更深入地"读懂世界"，则中国幸甚！世界幸甚！

站在"两个一百年"
历史交汇点上的中国与世界

（一）

出乎预料，一场突如其来的疫情，打乱了全人类进入21世纪第三个十年之际的发展进程和几乎一切预期。

又出乎预料，一股保护主义、单边主义、民粹主义思潮，及其掀起的逆全球化浪潮，给世界带来了更大的不确定性。

由此而来的广大人民生命、财产及各国经济社会、生产生活之大灾难大破坏，已成为20世纪80年代世界进入和平与发展为主题的时代以来，一次最剧烈的大灾难大破坏。

这就叫作"变中生变，变上加变"，世界进入"动荡变革期"。

这就是我们今天面对的"大变局"的突出的"负面大变局"。

而这种"负面大变局"本身，又意味着"大考验"。

一是能否克服单边主义、携手战胜疫灾；

二是能否在携手战胜疫灾的同时，修复全球产业链，重振新一轮经济全球化，重启发展；

三是能否在战胜疫灾和重启发展的基础上，进一步地排除各种干扰，并从而打开面向21世纪第三个十年以至更长时期世界和平发展的新局面；

四是贯穿以上三项"大考验"的，是一项根本性的历史性"大考验"，这就是从进入21世纪第三个十年算起，在全球范围内，在不同社会制度、不同发展阶段和不同利益诉求的各个地区各个国家之间，能否经历多边和单边、开放和封闭、合作和对抗的重大考验，从而逐步实现"大合作"。

（二）

面对大变局、大考验，中国坦然应对，从容布局。

在全球抗疫的伟大斗争中，中国人民进行了一场惊心动魄的抗疫大战，经受了一场艰苦卓绝的历史大考，付出巨大努力，取得抗击新冠疫情斗争重大战略成果，创造了人类同疾病斗争史上又一个英勇壮举！在2020年全球经济衰退的大背景下，中国实现了经济正增长，为全球疫后经济复苏带来了信心。

在迎来中国共产党成立一百周年的重要时刻，我们如期完成了新时代脱贫攻坚目标任务，现行标准下9899万农村贫困人口实现脱贫。对于一个14亿人口的大国来说，困扰千百年的绝对贫困问题历史性地划上句号，这是亘古未有的壮举，也是人类减贫史上的奇迹！脱贫攻坚的伟大胜利，为中国实现全面小康的第一个百年目标打下坚实基础，也为促进国际减贫事业发展提供了中国方案。

2021年中国全国人大审议通过《中华人民共和国国民经济和社会发展第十四个五年规划和二〇三五年远景目标》。应当说，这个规划，是当前国内国际条件下十四亿中国人应对大变局、大考验，推进大合作的根本性战略抉择。

这个规划所要回答的问题，乃是在中国"两个一百年"奋斗目标的历史交汇点上，在国际环境日臻复杂、不稳定性不确定性明显增加的大背景下，中国共产党打算怎样统筹中华民族伟大复兴战略全局和世界百年未有的大变局。

这个规划既擘画中国的新前景，又展现中国发展同世界发展相统一的大国担当，因而将成为解读当代历史条件下中国共产党治国理政与中国经济社会发展的最重要蓝图。

我理解，"十四五"规划的要义，概括起来，就是四句话：

一句话，坚持改革开放，集中力量办好中国自己的事。

再一句话，两个大循环，以国内大循环为主体、国内大循环和国际大循环相联通，构造中国发展新格局，建设更高水平开放型经济新体制。

再一句话，坚持2035年基本实现现代化，2050年把中国建成富强民主文明和谐美丽的社会主义现代化强国，完成第二个百年目标，实现中华民族伟大复兴。

再一句话，在积极参与海上全球化的同时，以"一带一路"推进陆上全球化，从而形成世界历史上前所未有的新一轮海陆并举全球化，再加上积极参与网络全球化。

而所有这一切，都强有力地体现了"大变局，大考验，大合作"，体现了在习近平总书记所倡导的构建"人类命运共同体"这个总方针之下，欢迎各方把握中国发展新机遇。

（三）

2020年，中国同世界各国携手合作、共克时艰，为全球抗疫贡献力量。2020年，区域全面经济伙伴关系协定（RCEP）成功签署，中欧投资协定谈判如期完成，中国同非洲联盟签署共建"一带一路"合作规划，中国吸收外资的全球占比大幅提升……中国向世界表明了支持新一轮经济全球化、进一步扩大对外开放的坚定决心。

过去几年，在单边主义、保护主义肆虐之时，中国毫不犹豫地站出来予以抵制，以实际行动维护国际关系基本准则，中国已成为多边主义的最重要支柱和促进世界和平与发展不可或缺、值得信赖的重要力量。

总而言之，世界格局的演变具有二重性：有负面变局，也有正面变局。同逆全球化、保护主义、单边主义等"负面变局"相对立，中国与世界关系的历史性发展正愈益显著地成为当今世界"正面变局"的一个根本之点。而中国的"和平发展"，乃是以中国特色社会主义全面现代化为根本动力的中华民族文明的伟大复兴，而决非那种近代世界史框架内的新霸主取代旧霸主。

这也就是说，中国要以作为国际秩序和体系的维护者和改革者、完善者的站位，坚持高扬全球治理、多边主义和人类命运共同体的旗帜，来应对霸权主义。

　　我们的结论是，站在"两个一百年"历史交汇点上的中国和世界面临着重大的历史抉择和历史机遇。而在当前形势下，对经济全球化和全球治理深入反思，扎实推进在利益汇合点和利益共同体基础上的人类命运共同体，这才真正应当是提到国际社会面前的历史性重大课题。

百年大考和举世无比的学习型政党

"党的历史是最生动、最有说服力的教科书。"一个党历经百年风云百年大考而依然充满活力是一个奇迹，一个党创造了百年奇迹而又将在新的征程中迈出新步伐再创新奇迹更是奇迹中的奇迹。所有这些举世无比的奇迹，不是谁恩赐给我们的，也不是我们没有付出任何代价获得的，而是我们在长久艰辛的斗争中创造的，是在成功和失败历史经验的学习中获得的。

问题的提出：
百年变局百年大考呼唤建设新时代学习型政党

当今世界正面临百年未有之大变局，中华民族伟大复兴已进入"行百里者半九十"的关键时期。中国共产党在如此复杂的国际国内环境下，如何始终保持马克思主义的清醒并带领人民破解前进道路上的各种困难和问题，如何始终保持自身的先进性并引领中国朝着正确的方向继续开拓前进，是摆在我们党面前的又一场崭新的历史性大考。正如习近平总书记所说："我们的事业越前进、越发展，新情况新问题就会越多，面临的风险和挑战就会越多，面对的不可预料的事情就会越多。我们必须增强忧患意识，做到居安思危，懂就是懂，不懂就是不懂；懂了的就努力创造条件去做，不懂的就要抓紧学习研究弄懂，来不得半点含糊。"总结百年历史经验并发扬光大，把自己建设成为一个能够引领新时代潮流的学习型政党，是百年变局百年大考对我们的呼唤。

回溯百年历史直到今天，世界上林林总总各类政党，无论实力多强、资格多老、执政时间多长，如果不重视学习，就会思想僵化，故步自封，其创造力就会衰竭，生命就要停止。而中国共产党百年发展中的一条至关紧要的历史经验，恰恰就是在百年大考中一以贯之地以自觉的学习砥砺党性、提高本领。这个百年大考，有的是敌强我弱态势下生死存亡的考验，有的是转折时期何去何从的考验，有的是胜利进军时能否保持清醒的考验，有的是在执掌全国政权条件下依然永葆革命本色的考验。所有这些考验，都聚焦于中国共产党的政治建设、思想建设和组织建设能否有力保证党的先进性，而归根到底在于中国共产党能否真正做到把自己建设成为一个学习型政党。回顾中国共产党百年学习的历史，当然不仅是书本的学习，更重要更根本的是在实践中学习。坚持在革命中学习革命，在战争中学习战争，在执政中学习执政，在建设中学习建设，在改革中学习改革，在开放中学习开放。总之一句话，在理论和实践相结合的学习中砥砺党性、提高本领。

今天，直面新时代条件下中国社会主义现代化新征程，以习近平同志为核心的党中央明确指出，我们要在新发展阶段贯彻新发展理念、构建新发展格局，以全新的战略部署应对百年未有之大变局，实现中华民族伟大复兴之大业。这样的历史使命，要求我们更加自觉地建设新时代学习型政党。正如习近平总书记精辟指出的："领导十三亿多人的社会主义大国，我们党既要政治过硬，也要本领高强。"为此，党的十九大报告把"全面增强执政本领"列为新时代党的建设的重要任务。而报告提出的八大执政本领，第一条就是"增强学习本领，在全党营造善于学习、勇于实践的浓厚氛围，建设马克思主义学习型政党，推动建设学习大国"。

完全可以这样说，面对百年变局和中华民族伟大复兴关键时期新的大考，中国共产党这样一个9000多万党员的百年大党，能以高度自觉把自己建设成为新时代学习型政党，举世无比！

中国共产党具有重视学习、善于学习的历史好传统

从毛泽东开始直到今天，中国共产党不仅重视学习，而且善于学习。这是我们党的历史好传统。

应当说，中国共产党作为一个在半殖民地半封建的旧中国诞生的马克思主义政党，成立之初就深知中国国情的复杂和自己思想理论准备上的不足，因而十分重视学习。但是，重视学习不等于善于学习。从大革命时期到土地革命战争时期，中国共产党经历了"两次胜利、两次失败"，而失败的原因就在于教

条式地对待共产国际的指示。这样的失败教训，逼着我们不仅要重视学习，还要善于学习，反对学习中的"本本主义"即教条主义。从毛泽东在土地革命战争时期提出"反对本本主义"，强调"没有调查就没有发言权"开始，到抗日战争时期提出要"改造我们的学习""整顿党的学风、党风和文风"，历时11年之久。正是在严酷的斗争环境和血与火的洗礼中全党逐步认识到毛泽东如此郑重尖锐提出改造全党的学习即学风问题，是完全正确的，并从而在斗争中形成了理论和实践相结合的优良学习传统。

这种传统，包括学习要重在掌握马克思主义的立场观点方法；学习要"有的放矢"；学习要善于把实践经验上升到理论；学习归根到底是要在实事中求是，认识规律，作为我们行动的向导；学习要反对主观主义特别是教条主义以及宗派主义和"党八股"的文风；学习要弄清思想又团结同志；学习不仅要改造客观世界也要改造主观世界；学习要持之以恒，要根据新的任务不断"重新学习"；等等。集中到一点，就是要实行和坚持毛泽东鲜明提出的"马克思主义中国化"，坚持"以正在做的事情为中心学习马克思主义"。

需要特别强调的一点是，以历史为"最好的老师"，重视历史特别是中国共产党本身历史的学习，是中国共产党重视学习、善于学习的重要经验。毛泽东在延安时期开创了以学党史统一全党思想、团结全党同志的成功经验。在迎接党百年华诞来临之际，以习近平同志为核心的党中央部署在全党开展党史学习教育，以动员全党全国满怀信心投身全面建设社会主义现代化国家。正如习近平总书记强调的：“我们党历来重视党史学习教育，注重用党的奋斗历程和伟大成就鼓舞斗志、明确方向，用党的光荣传统和优良作风坚定信念、凝聚力量，用党的实践创造和历史经验启迪智慧、砥砺品格。”

再进一步说，中国共产党在学习问题上的历史经验，尤其难能可贵的是高度重视从自身所犯错误的教训中学习。可以说这是中国共产党的突出特点之一，也是优点之一。我们都知道，中国共产党的百年之路不是平坦的笔直的，而是经历了两个“之”字形的严重曲折之路。第一个“之”字形，是28年新民主主义革命时期走过的曲折之路。党成立后的最初6年，在领导工人运动、农民运动中迅速发展壮大，特别是在国共合作中进行了打倒北洋军阀的北伐战争。但是中间10年遭遇国民党叛变，而共产党本身则发生先是右倾、后是“左”倾的错误，中国革命遭致失败。之后经过抗日战争和解放战争，才终于赢得了革命胜利，成立了中华人民共和国。第二个“之”字形，是新中国成立至今，这70多年走过的曲折之路。新中国成立头7年比较顺利，完成新民主主义革命遗留任务后，又经过社会主义改造建立了社会主义基本制度；但是中间22年，虽然社会主义建设取得重大成就，但“左”的思想开始抬头，最终演变成“文化大革命”运动那样长达10年之久的全局性错误。到了党的十一届三中全会以来，才又创造性地开辟了一条使中国迅速强盛起来的中国特色社会主义道路。经历上述这样两次“之”字形严重曲折道路，谈何容易！但是历史事实反复证明，我们党从来没有因为失败或错误而丧失信心，而是认真地总结失败和错误的教训，从正反两个方面的历史经验的学习中找到正确道路。这种学习，集中体现在有名的延安整风运动之中，又体现在中共中央先后在1945年4月（新中国成立前）和1981年6月（新中国成立后）通过的两个"历史问题决议"之中。

两个"党的历史问题决议"，都是在重大历史关头，以中央全会决议的权威形式，郑重而又系统地总结党在过去一段时期的重大失误和应当由此吸取的经验教训。前一个决议是总结从陈独秀到李立三、王明的三次路线错误，重点是总结六届四中全会到遵义会议这一时期王明路线的错误，同时申明对犯错误的同志采取"惩前毖后、治病救人"的方针。后一个决议，则是在充分肯定毛泽东和毛泽东思想，坚定不移地继续高举毛泽东思想伟大旗帜的同时，总结建国以来特别是在毛泽东亲自发动和领导的"文化大革命"问题上的错误及其教训。这样两个总结历史问题的重要决议，实在可以说是中国共产党在如何对待自身错误问题上的创造性重大举措，对全党起了深刻的教育作用。

两个"之"字形的曲折道路，两次理论联系实践的全党大学习，两个"历史问题决议"，中心思想是一以贯之的"马克思主义中国化"，总的结果是先后产生了马克思主义中国化的两大理论成果——毛泽东思想和中国特色社会主义理论体系。

说到这里，我们又可以自豪地说：中国共产党之所以能够在国际国内百年风云变幻的复杂考验包括失败考验中与时俱进，永葆青春活力，秘诀就在党的善于学习。百年大党百年学习，举世无比！

新时代新阶段全党学习的重中之重，
是学习习近平新时代中国特色社会主义思想

今天，面对新时代大变动的多方面严峻考验，全党全民要能够真正做到同心同德、步调一致，一个极重要条件就是以高度自觉，把学习习近平新时代中国特色社会主义思想，作为学习马克思主义的重中之重。

以党的十八大为标志，中国特色社会主义进入了新时代。新时代要解决的社会主要矛盾，是人民日益增长的美好生活需要和不平衡不充分的发展之间的矛盾。为解决这一社会主要矛盾，以习近平同志为核心的党中央提出了实现社会主义现代化和中华民族伟大复兴的总任务以及阶段性目标任务，提出了以人民为中心的发展思想和创新、协调、绿色、开放、共享的新发展理念，提出了"五位一体"总体布局和"四个全面"战略布局，提出了全面深化改革、全面依法治国、强军和外交的总目标，提出了经济、政治、文化、社会、生态文明、统一战线、国家安全、国防和军队、祖国完全统一、外交和党的建设等各个方面的重大方针政策，特别是根据疫情后发生的新变化作出了我国进入新发展阶段的战略判断，作出了贯彻新发展理念、形成新发展格局的战略部署。这一系列重大战略决策及其理论分析，在新时代坚持和发展了中国特色社会主义理论体系，形成了习近平新时代中国特色社会主义思想这一马克思主义中国化的最新成果。

十分明显，习近平新时代中国特色社会主义思想形成的时代背景和要回答的时代课题、要解决的社会主要矛盾和基本问题、确定的奋斗目标和布局、包含的科学内容和创新之点以及科学的思维方式，既是我们今天"正在做的事情"的理论概括，又是我们今天"正在做的事情"的科学指南，对我们今天和今后的工作具有直接的指导意义。因此，党中央明确指出，我们今天学习马克思主义，学习中国特色社会主义理论体系，重中之重，是学习习近平新时代中国特色社会主义思想。这样的学习，才能把握时代的脉搏，才能抓住历史的机遇，才能在实践中守正创新，也才能从思想到行动不断与时俱进，开创中国特色社会主义事业新局面。

对于怎么样从国内国际两个大局出发，学好习近平新时代中国特色社会主义思想，党中央向我们提出了"学懂弄通做实"的六字要求。应当说，这是很高的要求。先就"学懂弄通"来说，这就要求我们全面把握这一思想的科学内涵，深刻领会这一思想的科学实质。为此，既要原原本本读好《习近平谈治国理政》等重要著作和中央文件，又要把习近平新时代中国特色社会主义思想的学习和党史、新中国史、改革开放史、社会主义发展史的学习有机结合起来，以利于融会贯通，以利于指导实践。再就"做实"来说，又要求我们根据今天实现社会主义现代化和中华民族伟大复兴的总体布局，同时针对工作中存在的诸多问题，特别是针对国民经济内循环和外循环的堵点、党风廉政建设的难点、国家治理体系和治理能力建设的重点，边学习边提高认识，边改正边创新发展。

与此同时，在中国特色社会主义新时代，在开启全面建设社会主义现代化国家新征程中，理论学习的组织方面应是两大重点，首先是干部特别是各级领导干部；其次是青年包括大专院校学生，特别是年轻干部。习近平总书记要求年轻干部立志做党的光荣传统和优良作风的忠实传人，不断增强意志力、坚忍力、自制力，在新时代全面建设社会主义现代化国家新征程中奋勇争先、建功立业，努力创造无愧于党、无愧于人民、无愧于时代的业绩。当然也还要顺应信息化的时代潮流，不断创新学习制度和学习方式，以更好地适应新时代青年的需要和习惯。

总之，在学习中统一思想、提高认识，归根到底要落到增强贯彻落实新时代中国特色社会主义各项重大决策的自觉性。

面对新时代新阶段，我们应当更加自豪地说：百年大党在新征程的学习中守正创新，与时俱进，举世无比！

依靠学习走到今天，依靠学习走向未来

中国共产党是做实事会实干的党，也是有理想有追求的党。习近平总书记对于中国共产党为之不懈奋斗的中华民族伟大复兴的昨天和今天，曾经用"雄关漫道真如铁"和"人间正道是沧桑"这两句诗作了概括，对于中国共产党要实现的中华民族伟大复兴的明天，也用诗句"长风破浪会有时"作了展望。历史经验告诉我们，中国共产党能够依靠学习砥砺自己走到今天，也一定能够依靠学习砥砺自己走向未来。

当然，事情总是具有两重性。中国共产党有重视学习、善于学习的优良传统，这是主流。但是与此同时，也有学得不好以

百年大考和举世无比的学习型政党 /

259

致走向失误的教训，还有自我满足、不思进取的种种消极现象。习近平总书记明确说过："要学有所成，就必须永不自满。现在，有的党员、干部对理论学习不重视，把自学变不学；有的想起来就学一学，三天打鱼、两天晒网；有的拿学习来装门面，浅尝辄止、不求甚解；有的学习碎片化、随意化，感兴趣的就学、不感兴趣的就不学；不少年轻干部理论功底还不扎实、理想信念还不够坚定。要做到真学真懂真信真用，还需要下更大气力。"他还告诫我们："要跟上时代步伐，不能身子进了新时代，思想还停留在过去，看问题、作决策、推工作还是老观念、老套路、老办法。"这些话讲得真正是切中时弊！我们一定要引以为戒，下真功夫，把我们的学习提高到新的水准。

中国共产党一定能够在坚持不懈的学习中，把握世界范围百年变局之"时势"，进一步应对全球性挑战，坚持走中国和平发展道路，维护和践行多边主义，推动构建人类命运共同体。

中国共产党一定能够在坚持不懈的学习中，抓住中华民族伟大复兴之"机遇"，进一步应对来自经济、社会和大自然的各种可以预料和难以预料的挑战，坚持中国特色社会主义道路，围绕人民对于美好生活的向往，开启社会主义现代化建设新征程。

中国共产党一定能够在坚持不懈的学习中，针对执政党建设之"紧要"，进一步应对党面临的考验和危险，坚持新时代学习型政党建设，针对"本领恐慌"而不懈地加强切实有效的学习，全面提高党的执政能力和国家治理能力，坚持马克思主义中国化并不断与时俱进。

作为新时代的中国共产党人，我们一定要，也一定能够继承发扬毛泽东、周恩来当年从西柏坡进北京时提出的"赶考"精神，建设好适应新时代历史要求的学习型政党，阔步走向未来。我们能够依靠学习走到今天，也一定能够依靠学习走向未来！

　　总起来就是一句话，中国共产党作为举世无比的党创造举世无比的奇迹，根本动力就在于举世无比的学习。

中国特色社会主义在21世纪的根本走向

党的十九届六中全会对中国共产党百年奋斗的重大成就和历史经验作了全面深刻的总结，进一步阐明了中国今后30年实现现代化和民族复兴的奋斗目标。对于中国和中国共产党来说，今天是从昨天走过来的，明天是从今天走过去的。而这里的一个中心主题，归根到底，就是把握中国特色社会主义在21世纪的根本走向。

总结历史经验的极端重要性

人们也许会问：世界百年变局如此错综复杂，中国面临那么多问题和挑战，中共中央为什么要聚焦党的百年历史，并通过一次中央全会来总结党的百年经验？对此，我只说一句话：要读懂中国和中国共产党，首先就要懂得，对总结自己历史经验的高度重视乃是中国共产党一项极关重大的优良传统。

环顾四宇，世界上林林总总各类政党，无论实力多强、资格多老、执政时间多长，如果不重视总结自己的历史经验，就会思想僵化、故步自封，其生命力、创造力就会衰竭。因此，中国共产党总是告诫和提醒自己：人类总得不断地总结经验，有所发现，有所发明，有所创造，有所前进。停止的论点、悲观的论点、无所作为和骄傲自满的论点，都是错误的。"我是靠总结经验吃饭的。"这是毛泽东的名言。他还说过："善于总结经验，就是领导者的任务。"邓小平之所以能够开辟著名的"中国特色社会主义道路"，他说："这就是我们总结长期历史经验得出的基本结论。"习近平总书记也说过："我们党一步步走过来，很重要的一条就是不断总结经验、提高本领，不断提高应对风险、迎接挑战、化险为夷的能力水平。"

正如大家所知，在中国共产党百年历史上，以中央全会级别来总结党的历史经验，并且郑重作出历史问题重大决议的，至今只有三次。而每一次这样的总结，尽管各有不同的历史背景和历史动因，但都产生了重大积极效应。这样的积极效应，概括言之，一是以历史经验为鉴戒，极大地统一了全党的思想，加强了党的先进性和纯洁性建设，增强了党的团结；二是以历史经验为基础，极大地深化了对中国革命和建设规律的认识，提高了党的领导能力，推进了马克思主义中国化；三是以历史经验为动力，极大地坚定了继续开拓进取的决心和信心，明确了继续前进的方向和目标，形成了全党上下齐心协力为实现党的战略目标而不懈奋斗的政治自觉。

尤其需要注意的是，中国共产党总结的"历史经验"，既包含党自身的成功经验，也包括党自身的失败教训。而且认为，不论是成功经验还是失败教训，都是党的宝贵财富。习近平总书记这样说过："党的经验不是从天上掉下来的，也不是从书本上抄来的，而是我们党在历经艰辛、饱经风雨的长期摸索中积累下来的，饱含着成败和得失，凝结着鲜血和汗水，充满着智慧和勇毅。"

总之，在总结成功经验和失败教训中做到"实事求是"，在总结成功经验和失败教训中坚持"解放思想"，在总结成功经验和失败教训中实现"与时俱进"。应当说，这正是中国共产党这个百年大党今天之所以能够依然年轻、依然风华正茂的一大秘诀。

新时代需要新觉醒

今天国际范围的一个重要动向，就是对于中国"到哪里去"的问题愈益关心，各种各样的怀疑、责难也纷至沓来。此时此刻，读懂中国和中国共产党"从哪里来、到哪里去"，更有特殊重大的意义。

中国共产党百年历史可以昭告世界，这个党从诞生第一天起，从来就没有对外扩张、称霸世界的基因。到了今天，这个党领导中国人民走出来的中国特色社会主义道路，乃是一条在同经济全球化相联系而不是相脱离的进程中独立自主建设中国特色社会主义的，和平发展之路；乃是一条既不同于西方国家那种殖民掠夺和战争侵略，也不同于苏联那种军事争霸和意识形态输出的，和平发展之路；归根到底，乃是一条我们独立自主开创的，前无古人的，将引领十几亿中国人民实现国家富强和人民幸福，并同世界各国结成利益汇合点及利益共同体基础上的"人类命运共同体"所必由的，和平发展之路。

说到这里，还要指出一点：中国这条发展道路，与其说是中国共产党的主张，不如说是中国共产党创造的经验。因为，中国共产党从开创这条道路，到坚持这条道路，再到完善和发展这条道路，从1978年党的十一届三中全会算起已历40多年。而再放长一点来看，则可以说是我们党百年经验的伟大结晶。要问这条中国特色社会主义道路的根在哪里，我们说，这个根，就在党的历史经验。

当然，进到新的时代，又需要新的觉醒。这也就是我们今天常说的"大变动，新觉醒"。

在我们党的历史上，找到新民主主义道路，可以说是党的第一次大觉醒；开辟中国特色社会主义，可以说是党的第二次大觉醒；开创新时代中国特色社会主义，则是党的第三次大觉醒。以习近平同志为核心的党中央，在实践基础上郑重确立的一整套理论、路线、方针、政策，就是代表这种伟大新觉醒的标志性宣示。

习近平新时代中国特色社会主义思想，作为21世纪马克思主义，展示了马克思主义的强大生命力，使得马克思主义的科学性和真理性在中国得到充分检验，使得马克思主义的人民性和实践性在中国得到充分贯彻，使得马克思主义的开放性和时代性在中国得到充分彰显。

"人类命运共同体" 鲜明提到世界面前

21世纪第二个十年全球大势的一项最新最重大发展，就是"人类命运共同体"正鲜明提到世界面前。这就是中国共产党总书记习近平向全人类郑重提出的，以和平、发展为主题，包含广大发展中国家共同和平发展的历史要求，同时又包含美西方在内的发达国家再发展要求的，具有全球包容性和高远前瞻性的"人类命运共同体"。

全盘估量，从现在起直到21世纪中叶的30年，将有可能成为"人类命运共同体"在世界范围逐步实现的关键阶段。

还有一个全盘估量，随着"人类命运共同体"在世界范围逐步成为现实，大国关系包含中美关系有无可能经过种种曲折，逐步转化到一个相互尊重、平等相待、和平共处、合作共赢的轨道上来呢？我认为这样的转化，才是人心所向。

全球大变局、大考验、大合作与地理学大作为

　　中国共产党第二十次全国代表大会胜利闭幕，这是在全党全国各族人民迈上全面建设社会主义现代化国家新征程、向第二个百年奋斗目标进军的关键时刻召开的一次十分重要的大会。在这样重要的历史时刻，在中国召开首届世界地理大会，具有特别重大的意义。人类只有一个地球，各国共处一个世界。我们地理学这门学科，作为以人类赖以生存的地球表层空间为研究对象，且专长于人地关系问题研究的基础性学科，它的一个重大功能，就是能够在问题意识、理论框架和研究方法上连通自然与社会，贯穿时间与空间，揭示人与自然和谐共生的科学机理，捕捉世界各区域的自然和人文地理特征，为全球可持续发展与人类命运共同体建设提供学理支撑。正是在此意义上，首届世界地理大会一方面可以倡议和引导更多中国学者放眼世界，加强对世界的了解和研究；另一方面也可以让更多的国际友人和同行读懂中国、认识中国。

（一）

当前，世界百年未有之大变局加速演进。一场突如其来的大疫灾打乱了全人类进入21世纪第三个十年的发展进程和一切预期。一股保护主义、单边主义、民粹主义思潮及其掀起的逆全球化浪潮，给世界带来了更大的不确定性。由此而来的广大人民生命、财产及各国经济社会、生产生活之大灾难大破坏，成为世界在20世纪80年代进入以和平与发展为主题的时代以来，一次最剧烈的大灾难大破坏，这就叫作"变中生变，变上加变"。诚如中国共产党的二十大报告所说，"世界之变、时代之变、历史之变正以前所未有的方式展开。"而"大变局"本身，就意味着"大考验"：一是能否克服单边主义，携手战胜疫灾；二是能否在携手战胜疫灾的同时，修复全球产业链，重振新一轮经济全球化，重启发展；三是能否在战胜疫灾和重启发展的基础上，进一步排除各种干扰，打开面向21世纪第三个十年以至更长时期世界和平发展的新局面；四是能否超越文明的隔阂与冲突，共同应对各种全球性的挑战。而贯穿"大变局、大考验"的是一项根本性的历史要求，这就是从进入21世纪第三个十年算起，在全球范围内，在不同社会制度、不同发展阶段和不同利益诉求的各个地区各个国家之间，经历多边和单边、开放和封闭、合作和对抗的重大考验，从而逐步实现"大合作"。应当说，这种"大合作"，在全球抗疫的伟大斗争中端倪已见。无数生动事例表现出全人类携手共进、战胜疫灾的强烈愿望，和更进一步深化合作的重大契机。这是大变局的一个方面。但我们同时清醒地看到，大变局的另一方面，恃强凌弱、巧取豪夺、零和博弈等霸权霸道霸凌行径危害深重，和平赤字、发展赤字、安全赤字、治理赤字加重，人类社会面临前所未有的挑战，世界又一次站在历史的十字路口。这里讲的"一方面""另一方面"，正是当今世界大变局之两重性的集中体现，也是当今世界面临两种前途、两种命运的集中体现。21世纪第三个十年全球大势之最新发展，就是"两个全球之命运"突出提到世界面前。这是在当代世界之命运问题上，两条根本对立的路线。人类究竟是要一个和平、发展、合作、共赢的世界，还是要一个霸权阴影笼罩下的分裂、动荡乃至战争的世界？这是当今世界面临的最重大最尖锐抉择。我们还是听一听习近平主席的主张吧！他在中共二十大报告中强调："构建人类命运共同体是世界各国人民前途所在。万物并育而不相害，道并行而不相悖。只有各国行天下之大道，和睦相处、合作共赢，繁荣才能持久，安全才有保障。"正是面对习近平主席所指出的这样一个挑战前所未有、希望也前所未有的伟大时代，要在和平发展合作的现代化进程中造福中国造福世界，中国人民愿意同世界各国人民携手共创人类更加美好的未来！

（二）

中国是一个地域辽阔、人口众多的世界上最大的发展中国家，而且在近代历史上蒙受过被瓜分殖民的屈辱，中国更懂得世界和平的珍贵、更懂得世界各个地域国家大合作的意义。因此，中国要"读懂世界"，也期待世界能够"读懂中国"。这是实现世界各国"大合作"的题中应有之义。中国正在阔步走向现代化，正在奋力实现中华民族伟大复兴。这对世界意味着什么？从中国在世界的所作所为，大家可以看到，中国的现代化不是对世界的威胁，而是世界的福音。中国共产党的二十大报告明确指出，中国式现代化是走和平发展道路的现代化。我们不走一些国家通过战争、殖民、掠夺等方式实现现代化的老路，那种损人利己、充满血腥的老路。中国走的是一条世界近代以来历史上从未有过的，在同经济全球化相联系而不是相脱离的进程中，独立自主地建设中国特色社会主义的现代化之路。这条现代化之路，是中国和平发展之路，是中国与一大批发展中国家共同和平发展之路，同时又是与发达国家再发展相交汇的，在更大范围构建多方面多层次利益汇合点和利益共同体之路。一个好的例子，就是"一带一路"倡议。这是中国基于推动经济全球化和构建"人类命运共同体"的内在要求而做出的重大战略布局。也正是在这样的基础上，中国真心诚意地愿同国际社会共同致力于构建"人类命运共同体"。中国不仅向联合国提出"构建人类命运共同体，实现共赢共享"的"中国方案"，而且一以贯之地在中国参加的国际组织中身体力行，为实现这一目标而努力。正是基于这样一个宏大背景，地理学被赋予了新的重大历史使命，能够并且应该有更大作为。做好中国地理学和世界地理学研究，权威、立体、详细地向世界展现中国历史文脉、地理生态、人文资源、经济社会发展成就，深度讲好中国与世界在自然地理与人文地理、传统文化与现代文明兼收并蓄、相互融合的故事，将有利于帮助世界更好地"读懂中国"，也有利于中国更好地"读懂世界"！

（三）

中国选择的和平发展道路，中国推动构建人类命运共同体的主张，包含着"绿色"的理念。也就是说，中国认为，发展应该是绿色发展，而不是给地球和人类带来灾难性后果的发展。一个好的例子，就是在2020年9月第75届联合国大会一般性辩论上，习近平主席向国际社会郑重宣布，中国将力争2030年前实现"碳达峰"、2060年前实现"碳中和"。这是中国基于推动构建"人类命运共同体"的责任担当和实现可持续发展的内在要求而做出的重大战略抉择。"读懂中国"，应该读懂中国人追求的现代化，不仅是一个富强的现代化中国，而且是一个美丽的现代化中国；同样，中国人希望我们共同生存生活于斯的地球和世界，不是一个被人类无情地竭泽而渔的世界，而是一个人与自然和谐共生的可持续发展的世界。中国自古以来就崇尚"天人合一""道法自然"的哲学思想。今天更认识到山水林田湖草沙是生命共同体、人与自然是生命共同体。现在，生态文明建设已经纳入中国国家发展总体布局，建设美丽中国已经成为中国人民心向往之的奋斗目标，中国的生态文明建设已经进入快车道。仰望星空，繁星闪烁，地球是全人类赖以生存的唯一家园。我们要像珍惜和保护自己生命那样珍惜和保护地球。面对新时代新征程，我们深深感到，中国地理学研究在很多方面也面临着"保护地球"的使命和任务。这是神圣而又艰巨的历史使命。我们一定能够充分发挥自然地理与人文地理研究的基础性作用，为完善全球治理贡献中国智慧，提出中国方案，与世界各国地理学家共同研究解决人类可持续发展有待解决的全球性迫切问题；我们一定能够促进文明对话，推动世界各国以文明交流超越文明隔阂、以文明互鉴超越文明冲突、以文明共存超越文明压制，为世界文明注入凝聚力；我们一定能够加快全球绿色发展，加强生态环境、生物多样性和应对气候变化合作，共同呵护好地球家园，为可持续发展注入生命力。

（四）

希望大家讨论一个地理学学科建设的问题：我们怎样才能"赶上时代"和"引领时代"？在新一轮科技革命和产业变革深入发展所带来的机遇和挑战面前，中国地理学研究要"赶上时代"和"引领时代"，我以为，客观条件已经具备，关键在于坚持创新，坚持把创新作为中国地理学研究中的核心。首届世界地理大会的召开，就是中国地理学家走向世界的新起点。我希望，以此次大会为契机，凝聚多方力量，中国地理学家能够与国际同仁携手合作，不断产出新的研究成果。我建议，世界地理大会未来要形成机制，定期举办，广泛邀请海内外学者参与，努力将世界地理大会打造成为具有广泛国际影响力的合作交流平台，共谋人与自然和谐共生之道，共筑和平美丽世界建设之路，推动共建人类命运共同体。

推动中国式现代化取得新进展新突破

  党的二十大擘画了全面建设社会主义现代化国家，以中国式现代化全面推进中华民族伟大复兴的宏伟蓝图。习近平总书记指出："中国式现代化走得通、行得稳，是强国建设、民族复兴的唯一正确道路。"推进中国式现代化是一个系统工程，是一项前无古人的开创性事业，需要前瞻性思考、全局性谋划、整体性推进。其中，非常重要的是要对实现高质量发展、发展全过程人民民主、推动构建人类命运共同体进行深入思考和把握。

  牢牢把握高质量发展这个首要任务。在全面贯彻党的二十大精神开局之年，习近平总书记首次地方考察选择了广东。习近平总书记强调："广东是改革开放的排头兵、先行地、实验区，在中国式现代化建设的大局中地位重要、作用突出。要锚定强国建设、民族复兴目标，围绕高质量发展这个首要任务和构建新发展格局这个战略任务，在全面深化改革、扩大高水平对外开放、提升科技自立自强能力、建设现代化产业体系、促进城乡区域协调发展等方面继续走在全国前列，在推进中国式现代化建设中走在前列。"习近平总书记的殷切期待和重要要求，不仅为广东在推进中国式现代化建设中走在前列指明了方向，也为全国推动中国式现代化取得新进展新突破提供了根本遵循。党的十八大以来，在以习近平同志为核心的党中央坚强领导下，我们党坚持以人民为中心的发展思想，把发展作为执政兴国的第一要务，坚持发展就是硬道理，不断解放和发展生产力，不断提高发展质量和水平，不断促进人的全面发展和全体人民共同富裕。习近平总书记在党的二十大报告中指出："高质量发展是全面建设社会主义现代化国家的首要任务。"推进和拓展中国式现代化、推动高质量发展，有这几个方面的动力需要继续坚持、不断增强：作为当代中国人民阔步前进根本支撑的现代生产力；坚持改革开放、面向世界的现代市场力；不断向生产的广度和深度进军、勇攀现代生产力新高峰的现代科技力；融汇古今、传承五千多年中华优秀传统文化而又敏锐把握当代人类最新文明成果的现代文化力；面对14亿多人口的超大社会而有强大治理效能的现代社会治理力；爱好和平而又能够坚定有力地反对霸权主义、维护国家主权、统一和领土完整的现代国防力；能够从容有力应对包括大疫大灾在内的、可以预见和难以预见的各种灾变的强大应变力；拥有9600多万名党员、历经百年而仍然朝气蓬勃的中国共产党，在坚持和发展中国特色社会主义的历史进程中始终成为坚强领导核心的强大领导力。只要我们在这些方面一以贯之着力，就一定能够"任凭风浪起，稳坐钓鱼船"，就一定能够实现全面建成社会主义现代化强国的目标。

发展全过程人民民主。民主是全人类的共同价值，是中国共产党和中国人民始终不渝坚持的重要理念。党的十八大以来，在以习近平同志为核心的党中央坚强领导下，我们深化了对民主政治发展规律的认识，提出全过程人民民主的重大理念。我国全过程人民民主不仅有完整的制度程序，而且有完整的参与实践。习近平总书记在党的二十大报告中指出："全过程人民民主是社会主义民主政治的本质属性，是最广泛、最真实、最管用的民主。"全过程人民民主基于中国国情和历史文化，体现人民意愿。一方面，形成了全面、广泛、有机衔接的人民当家作主制度体系，构建了多样、畅通、有序的民主渠道。另一方面，全体人民依法实行民主选举、民主协商、民主决策、民主管理、民主监督，依法通过各种途径和形式管理国家事务，管理经济和文化事业，管理社会事务。正因如此，我国全过程人民民主实现了过程民主和成果民主、程序民主和实质民主、直接民主和间接民主、人民民主和国家意志相统一，是全链条、全方位、全覆盖的民主，是最广泛、最真实、最管用的社会主义民主。推进和拓展中国式现代化、发展全过程人民民主，我们要加强人民当家作主制度保障、全面发展协商民主、积极发展基层民主、巩固和发展最广泛的爱国统一战线，使人民当家作主具体地、现实地体现到党治国理政的政策措施上来，具体地、现实地体现到党和国家机关各个方面各个层级工作上来，具体地、现实地体现到实现人民对美好生活向往的工作上来。

推动构建人类命运共同体。当前，世界又一次站在历史的十字路口，何去何从取决于各国人民的抉择。习近平总书记在党的二十大报告中指出："构建人类命运共同体是世界各国人民前途所在。万物并育而不相害，道并行而不相悖。只有各国行天下之大道，和睦相处、合作共赢，繁荣才能持久，安全才有保障。"习近平总书记2013年3月提出，人类生活在同一个地球村里，"越来越成为你中有我、我中有你的命运共同体"，此后又相继提出共建"一带一路"倡议、全球发展倡议、全球安全倡议、全球文明倡议，丰富了构建人类命运共同体理念的内涵和实践路径，为应对世界之变、时代之变、历史之变提供了中国方案。推进和拓展中国式现代化、推动构建人类命运共同体，我们要携手各国同行现代化之路，在推动构建人类命运共同体的大道上阔步前进，将各具特色的现代化事业汇聚成推动世界繁荣进步的时代洪流。面对当今这样一个挑战前所未有、希望也前所未有的新时代，我们要坚持从我国实际出发，坚定不移推进和拓展中国式现代化，同时要树立世界眼光，把自身命运同各国人民的命运紧紧联系在一起，努力以中国式现代化新成就为世界发展提供新机遇，为人类对现代化道路的探索提供新助力，为人类社会现代化理论和实践创新作出新贡献，努力在和平发展合作的现代化进程中发展中国、造福世界，同世界各国人民携手共创人类更加美好的未来。

在文明交流中
实现符合本国历史文化特点的现代化

　　人类社会发展进程曲折起伏，各国探索现代化道路的历程充满艰辛。习近平总书记在中国共产党与世界政党高层对话会上指出："当今世界不同国家、不同地区各具特色的现代化道路，植根于丰富多样、源远流长的文明传承。"人类社会创造的各种文明，都闪烁着璀璨光芒，为各国现代化积蓄了厚重底蕴、赋予了鲜明特质，并跨越时空、超越国界，共同为人类社会现代化进程作出了重要贡献。在各国前途命运紧密相连的今天，任何一种文化都不可能在单一语境中自给自足，不同文明包容共存、交流互鉴是世界文明发展的必由之路，也是实现符合本国历史文化特点的现代化的必然途径。

源远流长的中华文明
是中国现代化发展之路的历史底蕴

　　实现现代化是近代以来中国人民矢志奋斗的梦想。中国人为实现现代化，从鸦片战争以来奋斗了180多年，中国共产党自成立的那一天起，至今也为此奋斗了100多年。为什么中国人能够一代接一代始终不渝地为中国的现代化而奋斗，就在于中国是一个拥有自强不息、革故鼎新优良文明传统的国家。正是在这个意义上，源远流长的中华文明是中国现代化发展之路的历史底蕴。

毫无疑问，没有马克思主义的指导，我们不可能实现现代化。历史走过了曲折的道路。中国人在没有找到马克思主义之前，曾经认认真真地学习西方的现代化经验。从洋务运动到戊戌变法、辛亥革命，一次次尝试，一次次奋斗，结果都失败了。在找到马克思主义之后，中国人才在精神上由被动转入主动，懂得了要按照社会发展规律去推进中国的现代化。但是实践又进一步告诉我们，有了马克思主义，还要使之同中国具体实际相结合、同中华优秀传统文化相结合，才能打开中国现代化的正确道路。从毛泽东提出马克思主义中国化，到邓小平领导我们改革开放，一直到中国特色社会主义进入新时代，我们坚持以马克思主义为魂、以中华文明为根，探索中国的现代化之路，终于走出了一条符合中国历史文化特点的中国式现代化道路。习近平总书记在庆祝中国共产党成立100周年大会上庄严宣告：我们创造了中国式现代化新道路，创造了人类文明新形态。

文明复兴
是中国通过和平发展走向现代化的深刻内涵

中国的现代化是一个和平发展而不是对外扩张掠夺的过程。

而这样一条和平发展的道路，正是中华民族实现文明复兴的历史进程。习近平总书记强调，走和平发展道路，是我们党根据时代发展潮流和我国根本利益作出的战略抉择。他说："中华民族是爱好和平的民族。消除战争，实现和平，是近代以后中国人民最迫切、最深厚的愿望。走和平发展道路，是中华民族优秀文化传统的传承和发展，也是中国人民从近代以后苦难遭遇中得出的必然结论。"这就从根本上决定了中国的现代化之路，乃是要用文明的理念、文明的方式、文明的手段、文明的形象去实现文明的复兴。

首先，中国的现代化之路，与西方发达国家对外扩张掠夺的现代化之路完全不同。西方发达国家的那种充满战争、贩奴、殖民、掠夺等血腥罪恶，给广大发展中国家带来深重苦难的现代化之路是我们从根本上反对和唾弃的。与此相反，中国式现代化始终坚持和平发展，在坚定维护世界和平与发展中谋求自身发展，又以自身发展更好维护世界和平与发展，推动构建人类命运共同体。

其次，中国的现代化之路，同近代以来中华民族的多灾多难的历史直接相关。我们深知霸权之可恶、和平之可贵，所以一要维护国家主权和领土完整，二要用和平的方式、文明的方式实现国家发展和现代化。无论中国发展到哪一步，中国永不称霸、永不扩张、永不谋求势力范围。历史已经并将继续证明这一点。

再次，中国的现代化之路，从更深刻的原因来说，是中国人拥有和平发展的文化基因。几千年来，以自强不息、刻苦耐劳著称的中华民族，又是主张以和为贵、协和万邦、讲信修睦、善待邻邦等文明传统的民族。和平和自强一样，早已融入中华民族的血脉中，刻进了中国人的基因里。数百年前，即使中国强盛到国内生产总值占世界30%的时候，也从未对外侵略扩张。这就是多少代中国人为民族复兴而不懈奋斗的最深层动力。

最后，中国的现代化之路，同时也是以"和平"破解"中国威胁论"、以"崛起"破解"中国崩溃论"的伟大斗争精神的展现。面对世界进入新的动荡变革期，不确定性大大增强，某些强权对中国的打压也大大增强。无论是对中国"去风险"，还是鼓噪中国"衰退"，都说明这个世界还不太平。而坚持和平发展的现代化之路，就是要反对保护主义、单边制裁，反对搞"筑墙设垒""脱钩断链"。这也就是习近平总书记再三要求我们的，在推进中国式现代化时，要坚持发扬斗争精神。

总而言之，20世纪70年代末以来至今，中国之所以能够在世界上和平发展、创造人类文明历史的奇迹，其最深刻的原因，就在于是在当代中国马克思主义指导下，创造性地继承和发展自己民族优秀文明传统，同时积极借鉴吸收当代世界各种文明的有益成果，走出一条中国特色社会主义道路，实现包括物质文明、政治文明、精神文明、社会文明、生态文明这五大文明在内的中华文明的伟大复兴。

文明交流互鉴
是世界各国走好本国特色现代化之路的根本途径

每种文明都有其独特魅力和深厚底蕴，都是人类的精神瑰宝。不同文明只有相互借鉴，才能共同进步。只有让文明交流互鉴成为推动人类社会进步的动力，才能有效维护世界和平。世界各国的现代化，是在不同文明的交流互鉴中实现的。

当今世界，人类社会在发展进步的同时，又面临诸多难题和挑战。面对挑战，不仅需要运用当代人类的新知，而且需要运用人类长久历史发展进程积累的智慧。只有这样，才能更好地认识世界、认识社会、认识自己，也才能更好地开创人类社会的未来。比如当今世界面对越来越严峻的环境问题，中华优秀传统文化中的"天人合一"就可以为人类修复自己的家园送上一剂良药。当今世界因为各种各样的利益纠纷与冲突而纷争不断时，中华优秀传统文化中的"和而不同"则又可以为化解矛盾提供明智的思路。

习近平总书记深刻指出："人类文明多样性是世界的基本特征，也是人类进步的源泉。世界上有200多个国家和地区、2500多个民族、多种宗教。不同历史和国情，不同民族和习俗，孕育了不同文明，使世界更加丰富多彩。文明没有高下、优劣之分，只有特色、地域之别。文明差异不应该成为世界冲突的根源，而应该成为人类文明进步的动力。"中华文明与世界其他文明一样，有着自己的悠久历史和文化传统，我们完全可以通过文明交流互鉴，而不是文明冲突，来达到相互理解、相互包容、相互促进的目的，并为解决人类的问题贡献各自的智慧。

"全球文明倡议"
为世界范围实现现代化提供了中国方案

2023年3月，在中国共产党与世界政党高层对话会上，习近平总书记继提出"全球发展倡议"和"全球安全倡议"后，又提出了"全球文明倡议"，为促进人类文明交流进步，解答世界之问、历史之问、时代之问，提供了中国方案。

10月，习近平总书记在第三届"一带一路"国际合作高峰论坛开幕式上又指出："我们追求的不是中国独善其身的现代化，而是期待同广大发展中国家在内的各国一道，共同实现现代化。世界现代化应该是和平发展的现代化、互利合作的现代化、共同繁荣的现代化。"

中国共产党带领中国人民创造的人类文明新形态、走出的中国式现代化道路，既造福于中国人民，也促进了世界各国的共同发展。全球文明倡议的四个"共同倡导"，即共同倡导尊重世界文明多样性、共同倡导弘扬全人类共同价值、共同倡导重视文明传承和创新、共同倡导加强国际人文交流合作，揭示了人类文明的发展规律，体现了文明的多样性、共通性、发展性、包容性等特征，其核心在于通过世界文明交流互鉴推动人类文明进步和世界和平发展，打造利益交融、共同发展的利益共同体和命运共同体。正如习近平总书记所说："世界各国尽管有这样那样的分歧矛盾，也免不了产生这样那样的磕磕碰碰，但世界各国人民都生活在同一片蓝天下、拥有同一个家园，应该是一家人。世界各国人民应该秉持'天下一家'理念，张开怀抱，彼此理解，求同存异，共同为构建人类命运共同体而努力。"

总而言之，中国共产党带领中国人民创造的中国式现代化新道路、创造的人类文明新形态，为人类建设更加美好社会提供了中国智慧、中国方案。面向未来，中国将一如既往为世界和平安宁作贡献，一如既往为世界共同发展作贡献，一如既往为世界文明交流互鉴作贡献，同世界各国人民一道，推动构建人类命运共同体，携手同行现代化之路，努力为完善全球治理贡献中国智慧、中国力量。

世界大变局下的中国新作为

当前，世界百年未有之大变局加速演进，世界之变、时代之变、历史之变正以前所未有的方式展开。百年变局下，处于中华民族伟大复兴关键时期的中国有哪些新作为？这是全球都关注的一个重大问题。近年来，我国在各领域的新作为不胜枚举，其中最受人瞩目的主要有三大新作为：一是在高质量发展中推进和拓展中国式现代化，二是在维护世界和平与发展中推动构建人类命运共同体，三是在人类文明交流互鉴中建设中华民族现代文明。

在高质量发展中推进和拓展中国式现代化。中国共产党建立100多年来，团结带领中国人民所进行的一切奋斗，就是为了把我国建设成为现代化强国，实现中华民族伟大复兴。党的十八大以来，在以习近平同志为核心的党中央坚强领导下，我们完成脱贫攻坚、全面建成小康社会的历史任务，实现第一个百年奋斗目标，开启了全面建设社会主义现代化国家、向第二个百年奋斗目标进军的新征程。习近平总书记指出："高质量发展是全面建设社会主义现代化国家的首要任务。"高质量发展就是能够很好满足人民日益增长的美好生活需要的发展，是体现新发展理念的发展，是创新成为第一动力、协调成为内生特点、绿色成为普遍形态、开放成为必由之路、共享成为根本目的的发展。具体来看，在高质量发展中推进和拓展中国式现代化要提升六个方面的能力：一是自主创新力。健全政策激励和扶持机制，不断优化科技创新生态，形成更具竞争力的创新环境，加快建设世界科技强国。二是有序市场力。加快建设高效规范、公平竞争、充分开放的全国统一大市场，深化要素市场化改革，建设高标准市场体系，全面推动我国市场由大到强转变。三是制度型开放力。继续推动构建以国内大循环为主体、国内国际双循环相互促进的新发展格局，合理缩减外资准入负面清单，依法保护外商投资权益，进一步推动制度型对外开放。四是绿色生产力。坚持绿水青山就是金山银山的理念，统筹产业结构调整、污染治理、生态保护、应对气候变化，协同推进降碳、减污、扩绿、增长，推进生态优先、节约集约、绿色低碳发展。五是数字经济与实体经济深度融合的新型产业生产力。坚持把发展实体经济作为发展的着力点，同时加快数字经济发展，促进实体经济与数字经济深度融合，以不断提升产业发展在全球产业链供应链价值链中的位置。六是统筹各方的经济社会协调力。在推动西部大开发形成新格局、推动东北全面振兴取得新突破、促进中部地区加快崛起、鼓励东部地区加快推进现代化的基础上，实施区域重大战略，优化重大生产力布局，构建优势互补、高质量发展的区域经济布局和国土空间体系。

在维护世界和平与发展中推动构建人类命运共同体。习近平总书记指出："坚持和平发展，在坚定维护世界和平与发展中谋求自身发展，又以自身发展更好维护世界和平与发展，推动构建人类命运共同体，是中国式现代化的突出特征。"中国正在以中国式现代化全面推进中华民族伟大复兴。我们坚持独立自主、自力更生，依靠全体人民的辛勤劳动和创新创造发展壮大自己，既不走殖民掠夺的老路，也不走国强必霸的歪路。中国通过激发内生动力与和平利用外部资源相结合的方式来实现国家发展，既为广大发展中国家提供力所能及的支持和帮助，也为广大发展中国家独立自主迈向现代化树立了典范、提供了全新选择。中国深知和平的宝贵，作为世界和平的建设者、全球发展的贡献者、国际秩序的维护者，中国认为尽管历史文化和社会制度各不相同，但各国有共同的利益，人类有共同的价值，完全可以形成"你中有我、我中有你"的命运共同体。只有各国行天下之大道，和睦相处、合作共赢，繁荣才能持久，安全才有保障。构建人类命运共同体是世界各国人民前途所在。面对世界百年未有之大变局中可以预见和难以预见的风险与挑战，中国始终坚持维护世界和平、促进共同发展的外交政策宗旨，致力于推动构建人类命运共同体，并与各国一道推动建设一个持久和平、普遍安全、共同繁荣、开放包容、清洁美丽的世界。

在文明交流互鉴中建设中华民族现代文明。不同历史和国情，不同民族和习俗，孕育了不同文明，文明差异不应该成为世界冲突的根源，而应该成为人类文明进步的动力。今年3月，习近平总书记在中国共产党与世界政党高层对话会上提出全球文明倡议，这是继全球发展倡议、全球安全倡议之后，新时代中国为国际社会提供的又一重要公共产品。习近平总书记指出："我们将始终把自身命运同各国人民的命运紧紧联系在一起，努力以中国式现代化新成就为世界发展提供新机遇，为人类对现代化道路的探索提供新助力，为人类社会现代化理论和实践创新作出新贡献。"文明因交流而多彩，文明因互鉴而丰富。中华民族是世界上古老而伟大的民族，创造了绵延5000多年的灿烂文明，为人类文明进步作出了不可磨灭的贡献。党的十八大以来，以习近平同志为核心的党中央把文化建设摆在全局工作的重要位置，中华优秀传统文化的风骨神韵、革命文化的刚健激越、社会主义先进文化的繁荣兴盛在新时代的伟大实践中得到充分彰显。在文化传承发展呈现出新的气象、开创了新的局面的今天，习近平总书记提出了我们在新时代新的文化使命："在新的起点上继续推动文化繁荣、建设文化强国、建设中华民族现代文明"。建设中华民族现代文明要在文明交流互鉴中推进，要立足中华民族伟大历史实践和当代实践，用中国道理总结好中国经验，把中国经验提升为中国理论，既不盲从各种教条，也不照搬外国理论，实现精神上的独立自主；要更加积极主动地学习借鉴人类创造的一切优秀文明成果，促进外来文化本土化，不断培育和创造新时代中国特色社会主义文化。

"咬定青山"二十条

在习近平总书记和党中央的亲切关怀和有力指引下，我们中国国家创新与发展战略研究会在从2013年算起的十年间，成功地召开了总共七届"读懂中国"国际会议。

十年经验，关键是思路打开了。借今天总结十年的时机，把历届"读懂中国"国际会议主旨讲演中的若干有益观点摘录如下，以为纪念。

这些内容，无以名之，索性借用清代文学家郑板桥的有名诗句——"咬定青山不放松"，就叫作《'咬定青山'二十条》吧。

大变动、新觉醒

我多年一贯的全部思考，用一句话概括，就是六个字："大变动、新觉醒"——"以中国和平发展为主题的中国大变动、新觉醒"和"以世界和平发展为主题的世界大变动、新觉醒"。

联系近代以来三轮经济全球化的发展历程，看中国人是怎样走过来的。大体而言，第一轮经济全球化开始时即1750年前后，第二轮经济全球化发生在19世纪末20世纪初，第三轮经济全球化从20世纪70年代越南战争结束之后，就逐步启动了。

在第三轮经济全球化潮流中，从1978年十一届三中全会开始，中国共产党确定以经济建设为中心，开创了一条在同经济全球化相联系而不是相脱离的进程中独立自主建设中国特色社会主义的道路，也就是和平发展的道路。

中国和世界大变动的"两重性"

无论是中国的还是世界的大变动，往往呈现令人眼花缭乱的"两重性"发展。在这样一种大背景下，人类社会无非是三种选择、三种作为：一是固守冷战思维，搞各种形式的冷战；二是世界大战虽然打不起来，却搞局部热战；三是走新路，构建国家之间、地区之间各种形式的利益汇合点和利益共同体，谋求共同发展。

中国大变动、新觉醒和世界大变动、新觉醒的真正大文章，还在后头！在"大变动、新觉醒"之后，再加三个字——"两重性"，共九个字。以此作为我全部思考的概括。

"两个一百年"和中国共产党的
两次根本性考验和应对

中国特色社会主义最本质的特征就是中国共产党的领导。今天的中国共产党，一个鲜明重大的特点和优点就是同以和平与发展为主题的时代相联系,而不是相脱离。我们要赶上时代。

中国共产党创党百年和新中国成立百年,就是中国人通常所说的"两个一百年"。来看5项数据:一是中国共产党党员人数,由1921年的50多名发展到今天的9800多万名;二是中国共产党领导中国人民干了28年革命(包括21年武装斗争),建立了中华人民共和国;三是2010年中国经济总量排名世界第二,2020年"全面建成小康社会";四是中国到2035年基本实现社会主义现代化;五是到本世纪中叶把中国建成富强民主文明和谐美丽的社会主义现代化强国。

这就叫作"一分为二"——"赶上时代"问题上的"一分为二"。

百年之内,中国共产党经历了两次根本性考验和两次根本性应对:第一次是"战争和革命"为主题的时代大考验,转化为中国人站起来的大机遇;第二次是新形态考验又逼出了中国的改革开放——"第二次革命"。

中国共产党百年之路的"两大段", "两个'之'字形"

中国共产党百年之路的"两大段",实际上是走了"两个'之'字形"。所谓"两大段",即前段28年,新民主主义革命阶段;后段72年,中华人民共和国成立后的革命、建设和改革开放新时期。

所谓"两个'之'字形",前一个是指28年新民主革命时期所走过的有如"之"字的曲折道路。后一个是指中华人民共和国成立至今所走过的有如"之"字的曲折道路。

改革开放至今，中国走出了一条中国特色社会主义的全新战略道路：一是坚持以发展生产力为中心，实行改革开放，发展社会主义市场经济；二是坚持社会主义基本制度，推进国家治理现代化；三是坚持独立自主而又与经济全球化相联系；四是坚持和平发展。

"赶上时代"的中国共产党

只有"赶上时代"才能"救中国"，只有"赶上时代"才能"发展中国"。"赶上时代"这个大命题，不仅贯穿中国共产党即将走过的一百年，而且将在整个社会主义初级阶段决定中国共产党人的使命感和价值追求。

党要领导人民赶上时代，党的自身建设也要赶上时代。中国共产党是一个很独特的伟大政党：一是中国共产党不是在和平环境下成长起来的政党，而是领导最广大中国人民，经过人民革命战争血与火的考验而取得全国政权，并长期执政的世界最大政党；二是中国共产党不是立党为私、松懈散漫的政党，而是既有严密组织纪律，又有广泛群众性的先进政党；三是中国共产党不是打着"世界革命"旗号搞霸权主义的政党，而是不拘泥于社会制度和意识形态差异，努力寻求与其他国家的利益汇合点，带领中国走和平发展道路，并同一大批发展中国家共同和平发展的政党；四是中国共产党不是故步自封、僵化怠惰的政党，而是立足于社会主义初级阶段实际，自觉赶上时代的，学习型、服务型、创新型政党。

中国共产党注定将在"不变"与"变"的统一中，在"赶上"与"超越"的统一中，"赶上时代"。不断改革创新发展是"赶上时代"的根本要求，而这本身就意味着一定要努力奋进到时代前列，那也就是超越。

至于说只有多党竞争才算民主，只有搞这样的民主才有资格搞现代化，中国人的经验不能认同这一点。归根到底，走自己的路，靠改革创新和后发优势而进到时代前列，赶上与超越相统一，实现中华民族伟大复兴的中国梦，才是真正意义的"赶上时代"。

读懂改革开放再出发的中国

"读懂中国"和"读懂世界"，这两个"读懂"，无论对中国，还是对世界，都要一分为二。

在第一届会议上，我说"读懂中国"这个主题很好，同时指出外国朋友"读懂中国"和中国人"读懂世界"需要互动。在第二届会议上，我讲了要"读懂中国"，关键在"读懂中国共产党"。在第三届会议上，重点是要"读懂改革开放再出发的中国"，认识到"中国发展的新动能"和"全球合作的新机遇"。

"改革开放再出发的中国"，是从哪里出发的呢？是从过去四十多年改革开放取得的历史性进步的基础上出发的，是从今天我们面临的新的社会主要矛盾出发的。

以邓小平为代表的中国共产党人开启了改革开放的历程，这个叫做"决定中国命运的关键一招"。通过改革开放,成功实现了两大历史性转折:一个是从高度集中的计划经济体制转到充满活力的社会主义市场经济体制,另一个是从封闭半封闭的状态到全方位、多层次、宽领域的对外开放。

改革开放再出发的中国兼有进步和落后的两重性,这是一切的出发点,是根本的出发点。

"改革开放再出发的中国"将在全面加强中国人民的"生产力""国防力""文化力""社会治理力"这四个大"力"的同时,要把"市场力"和"创新力"这两大"力"提到更加突出的战略地位上来。

我们有可观的生产力、有强大的国防力、有独特的文化力、有举世无双的社会治理力,而今我们还要再加上一个现代市场力。与此同时,还有一个创新力的问题。

"大市场"的吸引力,"两重性"的忍耐力

一句老话:中国绝不会称霸世界。一句新话:中国要和各国人民共同构建人类利益共同体和命运共同体。

国际大局同样也是"两重性"的发展:广大发展中国家共同和平发展及发达国家再发展,这是一方面;而另一方面,民粹主义蔓延和国际关系上的霸权主义相结合引发的多方面冲突。对于这种新形势下"两重性"问题的充分精神准备,将是我们事业胜利必不可少的精神条件。

以两大句话来总结:一句是,我们具有建立在"大市场"基

『咬定青山』二十条

293

础上的人类利益共同体和命运共同体的全新国际关系理念，由此而形成的"吸引力"，是一种克"难"制胜的强大战斗力。另一句是，我们具有在顺利和困难"两重性"复杂态势下能够"熬得过"的"持久战"传统，由此而形成的"忍耐力"，是又一种克"难"制胜的强大战斗力。

改革开放再出发和战略机遇期

把中国"改革开放再出发"这个贯通全局的重大命题同广东改革发展的实践结合起来，并且同新一轮经济全球化的时代大势结合起来。通过这"两个结合"，读懂新时代中国。

"改革开放再出发"有两重含义：一重含义是它必定是牢牢立足于改革开放40多年伟大成功基础上的"再出发"；另一重含义是它又必定是面向未来，面向国际国内新前景，面向21世纪第三个10年的时代潮流和战略机遇期的"再出发"。

我们面临的战略机遇期，是否可以这样说：第一，这将是一个同经济全球化向着新一轮（第四轮）发展相联系的战略机遇期；第二，这将是一个同世界格局进一步向着多极化发展相联系的战略机遇期；第三，这将是一个同包括中国在内的一大批发展中国家共同和平发展相联系，并同包括美国在内的发达国家再发展相联系的战略机遇期；第四，这将是一个同新时代中国特色社会主义按照总体布局向上跃升相联系的战略机遇期；第五，这还将是一个同大国单边主义、霸权主义在曲折中不可避免走向相对弱势以至没落相联系的战略机遇期。

改革开放再出发的"一分为二"

围绕"改革开放再出发",再来看两项数据:一项数据是,今天中国一半以上人口仍然生活在农村地区和小城镇,无论人均国内生产总值水平、科技教育水平还是生态水平,都还比较落后。又一项数据是,即便到2050年,中国国内生产总值总量可能超过美国,但是人均国内生产总值只能达到美国的百分之六七十。

这就叫做"一分为二"——中国基本国情问题上的"一分为二"。

围绕"改革开放再出发",紧迫课题有哪些呢?大体而言是三项:一要保障中国从速度型经济向质量型经济的转型;二要保障区域经济特别是粤港澳大湾区、长江三角洲和京津冀这三大区域的发展,同时进一步解决东部、中部、西部地区发展不平衡问题;三要加大科技创新特别是自主创新力度,推动制造业从中低端向中高端提升。

改革开放再出发与新一轮经济全球化

生产力、创新力、市场力、社会治理力这"四大力":一是解放和发展"生产力";二是实施创新驱动发展战略,提升"创新力";三是进一步完善社会主义市场经济体制,打造更加健全的"市场力";四是进一步完善政府的社会服务功能,打造更有效能的"社会治理力"。

"改革开放再出发"以及由此带来的"再发展"，是同世界格局变动特别是新一轮经济全球化的到来，紧密联系在一起的。

进入21世纪第一个10年后期，在经济全球化问题上，一方面有重大推进，另方面又有重大逆动。重大推进，是中国关于"一带一路"的构想应运而生。而重大逆动，是美国在对待经济全球化问题上的严重倒退。

我们从来肯定，从20世纪70年代开始的美国设计和主导的第三轮经济全球化，曾对世界经济发展作出有益贡献；但是与此同时，我们又从来清醒估量，美国的根本性追求乃是维护其作为唯一超级大国的全球霸主地位。

新一轮经济全球化与中国再发展

当前，一个迫切重大问题提到面前，时代呼唤经济全球化的全新架构。习近平总书记前不久在G20提出的四项主张，恰恰就是这种历史性要求的鲜明反映：第一，在开放中做大世界经济的蛋糕；第二，在创新中发掘世界经济的新动力；第三，在包容中破解世界经济失衡的难题；第四，在联动中完善全球经济的治理。

世界正迎来一个以多极化世界为基础，以利益汇合点、利益共同体基础上的"人类命运共同体"为主轴，以"和平与发展"为真正主题的，新一轮（第四轮）经济全球化。

中国能不能成功地"再发展"，关键不在别人，而在自己，在中国共产党。根据呢，三大条：一是，中国共产党作为一个百年大党，它的根深深扎在中华民族文明传统这块肥沃土壤之中，是全心全意为实现中华民族伟大复兴而奋斗的中国工人阶级先锋队、中国人民和中华民族先锋队。二是，中国共产党坚持马克思主义中国化，因而又总是能够在发扬光大中华民族文明传统的同时，敏锐把握时代发展，赶上时代以至引领时代。三是，中国共产党还是一个勇于自我革命的党，不仅为人民坚持真理，也为人民修正错误，自觉清除自身肌体的腐败因素，因而能够保持先进性和纯洁性。

"大变局""大考验""大合作"

出乎预料，一场突如其来的疫情，打乱了全人类进入21世纪第三个10年之际的发展进程和一切预期。

又出乎预料，一股保护主义、单边主义、民粹主义思潮，及其掀起的逆全球化浪潮，给世界带来了更大的不确定性。

这就叫做"变中生变，变上加变"，世界进入"动荡变革期"。

这就是我们今天面对的"大变局"。

"大变局"本身，意味着"大考验"。

一是能否克服单边主义、携手战胜疫情；

二是能否在携手战胜疫情的同时，修复全球产业链，重振新一轮经济全球化，重启发展；

三是能否在战胜疫情和重启发展的基础上，进一步地排除各种干扰，并从而打开面向21世纪第三个10年以至更长时期世界和平发展的新局面。

而贯穿"大变局、大考验"的，是一项根本性的历史要求，这就是从进入21世纪第三个10年算起，在全球范围内，在不同社会制度、不同发展阶段和不同利益诉求的各个地区各个国家之间，经历多边和单边、开放和封闭、合作和对抗的重大考验，从而逐步实现"大合作"。

中国与世界各国"大合作"

这种"大合作"，端倪已见。这是事实，但这只是一个方面的事实。事情的发展还有另外一个方面。那就是霸权国的当权政客，在公然宣布"放弃控制疫情"的同时，"甩锅"中国。

面对严重逆动，中国从容布局。一个最集中的表现，就是中国共产党第十九届中央委员会第五次全体会议通过的《中共中央关于制定国民经济和社会发展第十四个五年规划和二○三五年远景目标的建议》。应当说，这个建议，是当前国内国际条件下十四亿中国人应对大变局、大考验，推进大合作的根本性战略抉择。

这个规划所要回答的问题，乃是在中国"两个一百年"奋斗目标的历史交汇点上，在国际环境日臻复杂、不稳定性不确定性明显增加的大背景下，中国共产党打算怎样统筹中华民族伟大复兴战略全局和世界百年未有的大变局。

这个规划还包含着一个更深层次的战略估量，那就是在清醒分析当前国内国际有利和不利条件基础上，中国共产党中央坚定确信，中国仍然处于一个重要的战略机遇期。面对二十一世纪第三个10年和尔后更长时期，中国人将保持战略定力，集中力量办好自己的事。将在危机中抓转机，在变局中开新局，还将在发展自己的同时与世界各国"大合作"，打开更加广阔的天地。

概括起来，这里有四句话：

一句话，坚持改革开放，集中力量办好中国自己的事。

再一句话，两个大循环，以国内大循环为主体、国内大循环和国际大循环相联通，构造中国发展新格局，建设更高水平开放型经济新体制。深圳建设和粤港澳大湾区新目标，即是一个好例。

再一句话，坚持2035年基本实现现代化，2050年把我国建成富强民主文明和谐美丽的社会主义现代化强国，实现中华民族伟大复兴。

再一句话，在积极参与海上全球化的同时，以"一带一路"推进陆上全球化，从而形成世界历史上前所未有的新一轮海陆并举全球化，再加上积极参与网络全球化。

中国和平发展关键阶段的"角色观"

从生产生活自我供给程度看，中国是全世界唯一拥有联合国"产业分类"中全部工业门类的国家。可以说，世界上最不怕孤立的是中国，最有条件独立自主干而不靠外面的是中国。但是中国仍然坚定不移地扩大对外开放。正是基于这样的态势，从现在起到2035年，将成为中国和平发展的关键阶段。

习近平总书记在抗美援朝战争70周年纪念大会上所指出：

"中华民族是吓不倒、压不垮的！""中国人民不惹事也不怕事"，
"对待侵略者，就得用他们听得懂的语言同他们对话，这就是以
战止战、以武止戈"。

习近平总书记还曾深刻指出："把握国际形势要树立正确的
历史观、大局观、角色观"。"所谓正确的"角色观"，就是"不
仅要冷静分析各种国际现象，而且要把自己摆进去，在我国同世
界的关系中看问题，弄清在世界格局演变中我国的地位和作用，
科学制定我国对外方针和政策"。

世界格局的演变具有二重性：有正面也有负面。同"负面变
局"相对立，中国与世界关系的历史性发展正愈益显著地成为当
今世界"正面变局"的一个根本之点。而中国的和平发展，乃是
以中国特色社会主义全面现代化为根本动力的中华民族文明的伟
大复兴，而决非那种近代世界史老框架内的新霸主取代旧霸主。

我们主张，"利益汇合点"基础上形成"利益共同体"。中国
坚持走和平发展道路是不可改变的战略选择，是当代世界和平发
展的最重要动力之一。

中国要坚持高扬全球治理、多边主义和人类命运共同体的旗
帜，来应对霸权主义。

读懂中国共产党的百年历史经验

第六届"读懂中国"国际会议的主题是："从哪里来，到哪
里去——世界百年变局与中国和中国共产党"。因为2021年是中
国共产党成立一百周年，这里的一个中心主题，就是把握中国特

色社会主义在21世纪的根本走向。

要读懂中国和中国共产党，首先就要懂得，对总结自己的历史经验的高度重视乃是中国共产党一项极关重大的优良传统。

毛泽东有一句名言："我是靠总结经验吃饭的。"他还说过，"善于总结经验，就是领导者的任务。"

在中国共产党百年历史上，以中央全会级别来总结党的历史经验，并且郑重作出历史问题重大决议的，至今只有三次。一是以历史经验为鉴戒，极大地统一了全党的思想，加强了党的先进性和纯洁性建设，增强了党的团结；二是以历史经验为基础，极大地深化了对中国革命和建设规律的认识，提高了党的领导能力，推进了马克思主义中国化；三是以历史经验为动力，极大地坚定了继续开拓进取的决心和信心，明确了继续前进的方向和目标，形成了全党上下齐心协力为实现党的战略目标而不懈奋斗的政治自觉。

尤其需要提请各位注意的是，中国共产党总结的"历史经验"，既包含党自身的成功经验，也包括党自身的失败教训。我们在总结成功经验和失败教训中要做到"实事求是"、坚持"解放思想"、实现"与时俱进"。

中国共产党的三次"大觉醒"

到了今天，中国共产党领导中国人民走出来的中国特色社会主义道路，乃是一条在同经济全球化相联系而不是相脱离的进程中独立自主建设中国特色社会主义的和平发展之路；乃是一条既不同于西方国家那种殖民掠夺和战争侵略，也不同于前苏联那种军事争霸和意识形态输出的和平发展之路；归根到底，乃是一条我们独立自主开创的，前无古人的，将引领14至15亿中国人民实现国家富强和人民幸福，并同世界各国结成利益汇合点及利益共同体基础上的"人类命运共同体"所必由的和平发展之路。

要问这条中国特色社会主义道路的根在哪里，我们说，这个根，就在党的历史经验。

在我们党的历史上，找到新民主主义道路，可以说是党的第一次大觉醒；开辟中国特色社会主义，可以说是党的第二次大觉醒；开创新时代中国特色社会主义，则是党的第三次大觉醒。

这三次大觉醒，使得马克思主义的科学性和真理性在中国得到充分检验，使得马克思主义的人民性和实践性在中国得到充分贯彻，使得马克思主义的开放性和时代性在中国得到充分彰显。

"人类命运共同体"鲜明提到世界面前

21世纪第二个10年，以和平、发展为主题，包含广大发展中国家共同和平发展的历史要求，同时又包含美西方在内的发达国家再发展要求的，具有全球包容性和高远前瞻性的"人类命运共同体"，鲜明提到世界面前。

全盘估量，从现在起直到21世纪中叶的30年，将有可能成为"人类命运共同体"在世界范围逐步实现的关键阶段。

还有一个全盘估量，随着"人类命运共同体"在世界范围逐步成为现实，大国关系包含中美关系将有可能经过种种曲折，逐步转化到一个平等相待、和平共处的轨道上来。这才真正是人心所向。

历史经验和教训时刻提醒中国共产党人，面对胜利与成功，必须倍加谦虚谨慎。我们将以冷静和谦虚的精神，保证我们这条中国特色社会主义道路继续走稳走好，而且越走越宽广。中国希望与世界和平相处，而深恶痛绝于近代世界史上那种反复上演并给世界人民包括中国人民带来深重灾难的，新旧霸主之间竞相争夺的丑恶表演和奇灾大祸。

如果国际朋友能以这样的视角来"读懂中国和中国共产党"，更深入理解中国共产党和中国人民。与此同时，中国共产党和中国人民也更深入地"读懂世界"，则中国幸甚！世界幸甚！

在高质量发展中实现中国式现代化

在高质量发展中实现中国式现代化，是最根本的中国新作为。

今天中国经济正在转型，正在从"高速度"转向"高质量"发展新阶段。大体而言，这个"新阶段"，可以叫做"六大力""两步走"。

先说"六大力"：一是自主创新力，二是有序市场力，三是制度型开放力，四是绿色生产力，五是数字经济与实体经济深度融合的新型产业力，六是统筹各方的经济社会协调力。

再说"两步走"：第一步，从2020年到2035年基本实现社会主义现代化；第二步，从2035年到本世纪中叶把中国建成富强民主文明和谐美丽的社会主义现代化强国。

在中国与广大发展中国家共同和平发展中
推动构建人类命运共同体

在中国与广大发展中国家共同和平发展中推动构建人类命运共同体，是百年变局下中国最突出的新作为。

中国不走殖民掠夺的老路，不走国强必霸的邪路，也不搞意识形态输出，而是创造性地走出了一条和平发展的新路。不仅如此，中国还期待能够与广大发展中国家共同和平发展，发达国家也和平再发展，从而更好地扩大各国利益交汇点，形成命运共同体。

在文明交流互鉴中创造中华民族现代文明

在文明交流互鉴中创造中华民族现代文明，是百年变局下中国最深刻的新作为。

我们的"读懂中国"国际会议创立至今，已经十周岁了！这十年，中国和国际上的有识之士越来越深刻地感受到，不同国家、不同文明之间严重存在的"读懂赤字"，不利于相互之间的战略互信。而我们创办"读懂中国"国际会议，实际上一开始就坚持三个"读懂"，这就是"读懂中国""读懂世界""读懂百年变局"。